国家数字图书馆工程标准规范成果

国家图书馆家谱元数据规范与著录规则

赵亮　苏品红　主编

國家圖書舘出版社

图书在版编目（CIP）数据

国家图书馆家谱元数据规范与著录规则/赵亮，苏品红主编．--北京：国家图书馆出版社，2014.2

（国家数字图书馆工程标准规范成果）

ISBN 978-7-5013-4446-8

Ⅰ.①国… Ⅱ.①赵… ②苏… Ⅲ.①中国国家图书馆—电子图书—家谱—数据管理—规范 ②中国国家图书馆—电子图书—家谱—著录规则 Ⅳ.①G255.75-65

中国版本图书馆CIP数据核字（2014）第024607号

书　　名 国家图书馆家谱元数据规范与著录规则
著　　者 赵亮　苏品红　主编
丛 书 名 国家数字图书馆工程标准规范成果
责任编辑 金丽萍

出　　版 国家图书馆出版社（100034　北京市西城区文津街7号）
（原书目文献出版社　北京图书馆出版社）
发　　行 010-66114536　66126153　66151313　66175620
66121706（传真），66126156（门市部）
E-mail btsfxb@nlc.gov.cn（邮购）
Website www.nlcpress.com ——→投稿中心
经　　销 新华书店
印　　装 北京科信印刷有限公司
版　　次 2014年2月第1版　2014年2月第1次印刷

开　　本 787×1092（毫米）　1/16
印　　张 6.5
字　　数 80千字

书　　号 ISBN 978-7-5013-4446-8
定　　价 58.00元

本书编委会

主　编：赵　亮　苏品红

编　委：刘　炜　张春景　王　荟　谢冬荣　鲍国强　孙　俊

总　　序

数字图书馆涵盖多个分布式、超大规模、可互操作的异构多媒体资源库群，面向社会公众提供全方位的知识服务。它既是知识网络，又是知识中心，同时也是一套完整的知识定位系统，并将成为未来社会公共信息的中心和枢纽。数字图书馆建设的最终目标是实现对人类知识的普遍存取，使任何群体、任何个人都能与人类知识宝库近在咫尺，随时随地从中受益，从而最终消除人们在信息获取方面的不平等。“国家图书馆二期工程暨国家数字图书馆工程”是国家“十五”重点文化建设项目，由国家图书馆主持建设，其中国家数字图书馆工程的建设内容主要包括硬件基础平台、数字图书馆应用系统和数字图书馆标准规范体系。

标准规范作为数字图书馆建设的基础，是开发利用与共建共享资源的基本保障，是保证数字图书馆的资源和服务在整个数字信息环境中可利用、可互操作和可持续发展的基础。因此，在数字图书馆建设中，应坚持标准规范建设先行的原则。国家数字图书馆标准规范体系建设围绕数字资源生命周期为主线进行构建，涉及数字图书馆建设过程中所需要的主要标准，涵盖数字内容创建、数字对象描述、数字资源组织管理、数字资源服务、数字资源长期保存五个环节，共计三十余项标准。

在国家数字图书馆标准规范建设中，国家图书馆本着合作、开放、共建的原则，引入有相关标准研制及实施经验的文献信息机构、科研机构以及企业单位承担标准规范的研制工作，这就使得国家数字图书馆标准规范的研制能够充分依托国家图书馆及各研制单位数字图书馆建设的实践与研究，使国家数字图书馆的标准规范成果具有广泛的开放性与适用性。本次出版的系列成果均经过国家图书馆验收、网上公开质询以及业界专家验收等多个验收环节，确保了标准规范成果的科学性及实用性。

目前,国内数字图书馆标准规范尚处于研究与探索性应用阶段,国家图书馆担负的职责与任务决定了我们在数字图书馆标准规范建设方面具有的责任。此次将国家数字图书馆工程标准规范研制成果付梓出版,将为其他图书馆、数字图书馆建设及相关行业数字资源建设与服务提供建设规范依据,对于推广国家数字图书馆建设成果、提高我国数字图书馆建设标准化水平、促进数字资源与服务的共建共享具有重要意义。

国家图书馆馆长　周和平

2010 年 8 月

目　　录

前　言

家谱是一种以表谱形式，记载一个以血缘关系为主体的家族世系繁衍和重要人物事迹的图籍。它内容独特，时间延续性强，不同品种不同版本间关联紧密。近年来，随着生活水平的提高，民间对家谱的使用要求越来越多。为了满足读者对家谱查阅的需求，同时，为了深入研究家谱文献在纂修体例、表现方式、修谱关联等多方面的特性，重点解决家谱独特元素的描述、管理等规范问题，为家谱元数据与对象数据建立便捷准确的关联，为相关家谱文献之间建立紧密联系，为家谱资源的知识挖掘提供必要的条件，国家数字图书馆工程特设家谱元数据标准与著录规范子项。

2009 年，"国家数字图书馆工程专门元数据标准与著录规范——家谱"子项面向国内招标，上海图书馆以其丰富的家谱馆藏和在家谱元数据规范领域的科研成果得到专家们的认可而中标，成为该标准的研制单位。

"国家数字图书馆工程专门元数据标准与著录规范——家谱"子项的主要任务是对数字化家谱产品进行规范化揭示和管理，同时也可在纸本家谱文献的揭示管理中应用，并要求提交家谱元数据规范、家谱元数据著录规则和家谱元数据调研报告 3 个文档。

项目研究成果主要参考了科技部科技基础性工作专项资金重大项目的研究成果家谱元数据规范，并参考了国内外各大机构和高校的家谱元数据方案，如美国犹他州家谱图书馆、日本东洋文库、国家图书馆、上海图书馆、香港大学冯平山图书馆和广东省立中山图书馆等的方案。项目的研究成果主要表现在以下几个方面：

1. 厘清了家谱的不同版本——续修本、增补本、新修家谱和旧修家谱之间的关系；

2. 厘清了家谱的不同载体形式之间的关系；

3. 是国内首个以数字家谱为主要著录对象，同时兼顾纸本家谱特征的家谱元数据规范；

4. 在研究分析的基础上，将家谱的著录单位确定为内容上能够独立存在、不宜分割的一个或一组家谱。

本书是在"国家数字图书馆工程专门元数据标准与著录规范——家谱"项目成果的基础上编写完成的。本书中的内容除了适用国家图书馆的家谱元数据描述以外，相关单位的家谱资源也可借鉴使用。

编者

2013 年 11 月

第一部分　国家图书馆家谱元数据规范

1 范围

本家谱元数据规范专为国家图书馆描述家谱资源而制定,旨在满足国家图书馆对于数字家谱及纸本家谱文献的内容和形式进行描述和揭示的需求。

本规范主要规定了家谱描述的属性元素集,除了可应用于家谱检索系统的开发之外,同时还可应用于家谱文献之间建立链接、家谱元数据与对象数据建立关联以及对家谱资源进行数据挖掘等方面。

本规范包括对家谱资源的分析、著录单位的确定、描述对象之间的关系分析、描述元素的定义以及元素扩展原则等内容。鉴于国家数字图书馆标准规范建设项目中已经有在建或计划中的管理元数据或保存元数据规范项目,专用于网络资源保存、管理的相关保存、管理元数据不在本规范中加以规定。

2 规范性引用文件

下列标准文件中包含的条款通过本标准的引用而成为本标准的条款。下列方括号中的缩写是该文献在标准正文中被引用时出现的形式。

DCMI Metadata Terms. [DCMI-TERMS]

DCMI 元数据术语集 [DCMI-TERMS]

<http://dublincore.org/documents/dcmi-terms/>

DCMI Namespace Policy. [DCMI-NAMESPACE]

DCMI 命名域政策 [DCMI-NAMESPACE]

<http://dublincore.org/documents/dcmi-namespace/>

DCMI Type Vocabulary. DCMI Recommendation, 14 January 2008. [DCT]

DCMI 资源类型表(推荐稿),2008 年 1 月 14 日 [DCT]

<http://dublincore.org/documents/dcmi-type-vocabulary/>

Date and Time Formats, W3C Note. [W3CDTF]

日期与时间格式,W3C 注释 [W3CDTF]

<http://www.w3.org/TR/NOTE-datetime>

Dublin Core Metadata for Resource Discovery. [RFC 5013]

都柏林资源发现核心元数据 [RFC 5013]

<http://www.ietf.org/rfc/rfc5013.txt>

The Getty Thesaurus of Geographic Names. [TGN]

地理名称词表 [TGN]

<http://www.getty.edu/research/conducting_research/vocabularies/tgn/index.html>

ISO 3166, *Codes for the representation of names of countries and their subdivisions*(1974). [ISO 3166]

ISO 3166:国家名称及缩写代码表(1974)[ISO 3166]

<http://www.iso.org/iso/country_codes>

GB/T 4880.3—2009

语种名称代码.第 3 部分:所有语种的 3 字母代码

MIME Media Types. [MIME]

因特网媒体类型 [MIME]

<http://www.iana.org/assignments/media-types/>

Tags for Identifying Languages. [RFC 4646]

语种标识表 [RFC 4646]

<http://www.ietf.org/rfc/rfc4646.txt>

Uniform Resource Identifiers(*URI*):Generic Syntax. [RFC 3986]

统一资源标识符(URI):通用句法 [RFC 3986]

<http://www.ietf.org/rfc/rfc3986.txt>

GB/T 3792.7—2008 古籍著录规则

WH/T 20—2006 古籍定级标准

WH/T 22—2006　古籍特藏破损定级标准

GC－FJ080116 D004－1－3　国家图书馆元数据应用规范

GC－FJ080116 D004－2－2　国家图书馆元数据核心元素集

GC－FJ080116 D004－2－3　国家图书馆元数据核心元素集著录规则

GC－FJ080116 D004－3－1　国家图书馆专门元数据设计规范

3　家谱的著录对象和著录单位

3.1　家谱的著录对象

家谱的分类十分复杂，除了按照载体类型分类之外，也可按内容的传承，分为家谱始修本、家谱续修本和家谱增补本。家谱续修本是指随着家族人员的繁衍变迁，通常每个家族都会规定一定时间周期，对原有家谱进行续修。一般是袭用前一次纂修的谱序、世系表、列传等或在原有家谱的基础上增加新的谱序和世系，从而起到家族传承的作用。因此在著录时每种续修本作为单独的著录对象。如果用已有的版本，只在重印时对家谱的部分内容进行了增删、修改，或在其前面、后面加上一篇新序或者跋，称为家谱的增补本，也作为一个新的著录对象。

家谱按照纂修时间分为新修家谱和旧修家谱。旧修家谱主要指 1949 年以前纂修成书，基本装帧形式为线装的家谱；新修家谱主要指 1949 年以后纂修成书，装帧形式为平装与精装的家谱。新旧家谱除了在典藏管理方面有所不同外，在著录时也要区别对待，因此在家谱的元数据著录规则中会详细指出新旧家谱著录时的差别。

国家图书馆的家谱收藏丰富，藏品时间跨度大，各种载体类型、装帧形式都有，情况十分复杂。从载体形式来看，不仅包括数字版家谱资源和纸本家谱资源，还包括胶卷和光盘等复制品及其相关资源等。此次元数据方案的制订主要是为数字图书馆建设服务，因此重点考虑数字家谱的功能需求和应用目的，主要以数字化形式的家谱资源为著录对象，兼顾数字化转换前各类家谱资源（及其复制品）的相关属性描述，并考虑通过关联关系的揭示，达到纲举目张的效果。

家谱文献在其生命周期的完整过程中可以有很多阶段、非常复杂的载体形式和版本变化，以及错综复杂的内外联系等。对于数字家谱元数据规范而言，最重要的是以家谱内容属性特征的描述为主，以此串联起家谱内容演变过程中的各种载体形态和版本变化，以及相关实体和关系的描述。因此数字家谱的著录对象应为：在内容上记载了一定时期和地理范围内某一姓氏血缘家族的世系情况和事迹的、能够独立存在、不宜分割的一个或一组数字对象，如具有独立标识（如 URI）的一个网络存在，在内容上区别于其他家谱文献的一组图片文件、一个（或几个）磁盘文件或目录、一张光盘等，因为目前大多数家谱资源并非原生数字资源，而是经过数字化转换的资源，因此需兼顾其数字化转换前的对象形式，以转换前的对象作为确定数字化家谱著录对象的重要参考。

3.2 家谱的著录单位

家谱的著录单位：内容上能够独立存在、不宜分割的一个或一组家谱资源，即为一个著录单位，其相关的元数据属性描述则构成一条记录。同一家谱的不同载体表现和多个物理呈现则构成复本。复本可在馆藏目录中以相应的属性元素（字段）进行描述。

4 家谱元数据规范的结构及扩展原则

根据《国家图书馆专门元数据设计规范》中的规定，元素集由核心元素、资源类型核心元素和个别元素组成。因此家谱元数据规范元素集由核心元素、古文献类型核心元素和家谱个别元素三部分组成，其中核心元素 15 个，古文献类核心元素 5 个，家谱个别元素 5 个，部分元素扩展了若干元素修饰词及编码体系修饰词。其扩展原则为：

（1）新增加的元素和修饰词须优先采用 DCMI 中采用的元素和修饰词，或者是现有的其他元数据标准中的元素和修饰词，例如 EAD、CDWA 和 PANDORA 等。

（2）新增元素如果复用来自其他元数据标准的元素或修饰词，要求必须说明来源，使用时严格遵守其语义。

（3）现在元数据标准中，如果没有十分恰当的元素可供复用，允许自行扩展元素。

（4）自行扩展的元素不能和已有的元素有任何语义上的重复。

（5）扩展的修饰词必须遵循向上兼容原则，即修饰词在语义上不能超出被修饰词（元素）的语义。

详细的元素集及复用标准表格如下：

家谱描述元数据规范元素简表

元素	元素修饰词	编码体系修饰词	复用标准
核心元素（15 个）			
题名			dc:title
	题名说明		
	并列题名		
	版心题名		

续表

元素	元素修饰词	编码体系修饰词	复用标准
	内封题名		
	书衣题名		
	书根题名		
	书脊题名		
	其他题名		
主要责任者			dc:creator
	责任方式		
	责任者说明		
其他责任者			dc:contributor
	责任方式		
	责任者说明		
主题			dc:subject
		中国分类主题词表	
		刘国钧分类法	
		四部分类法	
附注			dc:description
	版本附注		
	目录		dcterms:tableOfContents
	提要		dcterms:abstract
出版者			dc:publisher
	出版地		
	印刷者		
	印刷地		
日期			dc:date
	纂修日期		dcterms:created
	创修日期		
	出版日期		dcterms:issued
	印刷日期		
	修改日期		dcterms:modified
		年号纪年	
		公元纪年	
		W3CDTF	

续表

元素	元素修饰词	编码体系修饰词	复用标准
时空范围			dc:coverage
	空间		dcterms:spatial
		DCMIpoint	
		DCMIbox	
		ISO 3166	
		TGN	
	时间		dcterms:temporal
		年号纪年	
		公元纪年	
		DCMIperiod	
		W3CDTF	
格式			dc:format
	大小		dcterms:extent
	媒体		dcterms:medium
语种		RFC 3066	dc:language
标识符			dc:identifier
类型			dc:type
相关资源			dc:relation
	格式转换为		dcterms:hasFormat
	格式转换自		dcterms:isFormatOf
	抄写为		dcterms:transcribedTo
	抄写自		dcterms:transcribedOf
	从编		dcterms:hasPart
	子目		dcterms:isPartOf
	统谱		
	支谱		
	版本关联		dcterms:hasVersion
		DOI	
		URI	
来源			dc:source
		DOI	
		URI	
权限			dc:rights
古文献类核心元素(5个)			

续表

元素	元素修饰词	编码体系修饰词	复用标准
版本类型			mods:edition
	版印说明		
载体形态			
	装订方式		
	数量		
	尺寸		
	附件		
	图表		
	行款版式		
文献保护	文物级别		
	破损级别		
收藏历史			dcterms:provenance
	获得方式		
	题跋印记		
	采访时间		
	采访地点		
馆藏信息			mods:location
	典藏址		
	典藏号		
	其他复本信息		
家谱个别元素(5 个)			
姓氏			
	姓氏来源		
	改姓前		
	改姓后		
先祖及重要族人			
	始祖		
	始迁祖		
	支祖		
	房祖		
	本族名人		
谱籍			
	历史曾用名		

续表

元素	元素修饰词	编码体系修饰词	复用标准
散居地			
堂号			

注:dcterms = "http://purl.org/dc/terms/"

dc = "http://purl.org/dc/elements/1.1/"

mods = http://www.loc.gov/mods

5 家谱元数据规范元素集定义

家谱元数据规范中的元素及修饰词等术语的定义依照《国家图书馆核心元数据标准》的规定,按以下 15 个方面定义各术语:

No.	属性名	属性定义	约束
1	标识符(Identifier)	术语的唯一标识符,以 URI 的形式给出	必备
2	名称(Name)	赋予术语的唯一标记	必备
3	出处(Defined By)	一般给出定义术语(特别是给出术语"名称"与"标识符")的来源名称及来源的 URI。如无来源名称与 URI,也可以是定义术语或维护术语的机构名称;或者也可以是书目引文,指向定义该术语的文献	必备
4	标签(Label)	描述术语的可读标签	必备
5	定义(Definition)	对术语概念与内涵的说明	必备
6	注释(Comments)	关于术语或其应用的其他说明,如特殊的用法等	可选
7	术语类型(Type of Term)	术语的类型。其值为:元素、元素修饰词和编码体系修饰词	必备
8	限定(Refines)	在定义元素修饰词时,在此明确指出该术语修饰的元素。一般给出所修饰元素的名称,推荐同时给出 URI	有则必备
9	元素修饰词(Refined By)	在定义元素时,在此给出限定此元素的元素修饰词。一般给出元素修饰词的名称,推荐同时给出 URI	有则必备
10	编码体系应用于(Encoding Scheme For)	在定义编码体系修饰词时,在此给出该术语修饰的元素。一般给出所修饰元素的名称,推荐同时给出 URI	有则必备
11	编码体系修饰词(Encoding Scheme)	在定义元素时,如果元素有编码体系修饰词,在此给出编码体系修饰词,一般给出术语的名称,推荐同时给出 URI	有则必备
12	数据类型(Datatype)	术语允许取值的数据类型	可选
13	版本(Version)	产生该术语的元数据规范版本	可选

续表

No.	属性名	属性定义	约束
14	语言(Language)	说明术语的语言	可选
15	频次范围(Occurrence)	术语使用的频次范围。采用区间的表示方法:[min,max],同时包括了对必备性和最大使用频次的定义。min=0 表示可选;min=1 表示必备;max=10 表示最大使用频率为 10 次;max=∞ 表示最大使用频次没有限制	可选

在上述规定的15个属性中,本元数据方案有4个属性的取值都是相同的,这4个属性与其相应的值分别是:

(1)版本:1.0

(2)语言:中文

(3)数据类型:字符串

(4)频次范围:一般不限,为[0,∞),以上有特殊说明的除外。

由于以上属性与属性值在正式定义中对于每个家谱描述元数据方案中的元素及修饰词而言都是相同的,所以在以下定义中不再重复,但它们仍是正式定义中的组成部分。

6 核心元素及其修饰词定义

6.1 元素:题名

标识符:http://www.nlc.gov.cn/core/elements/title

名称:title

出处:Dublin Core Terms:http://purl.org/dc/terms/

标签:题名

定义:家谱的名称。

注释:旧家谱题名取自正文首卷卷端所题题名,新家谱题名取自家谱书名页。

术语类型:元素

元素修饰词:题名说明,并列题名,版心题名,内封题名,书衣题名,书根题名,书脊题名,其他题名

6.1.1 元素修饰词:题名说明

标识符:http://www.nlc.gov.cn/rarebook/terms/titleStatement

名称:title statement

出处:国家图书馆

标签:题名说明

定义:用来限定、补充、解释、说明正题名或并列题名等的文字。

注释:旧家谱卷数著录于此。

术语类型:元素修饰词

限定:题名

6.1.2 元素修饰词:并列题名

标识符:http://www.nlc.gov.cn/core/terms/parallelTitle

名称:parallel title

出处:国际标准书目著录(ISBD)

标签:并列题名

定义:与正题名相对应的另一种语言文字的题名。

注释:汉语拼音题名不视为并列题名。

术语类型:元素修饰词

限定:题名

6.1.3 元素修饰词:版心题名

标识符:http://www.nlc.gov.cn/rarebook/terms/runningTitle

名称:running title

出处:国家图书馆

标签:版心题名

定义:在家谱版心上印写的题名。

注释:版心在一版中缝。

术语类型:元素修饰词

限定:题名

6.1.4 元素修饰词:内封题名

标识符:http://www.nlc.gov.cn/rarebook/terms/title-pageTitle

名称:title-page title

出处:国家图书馆

标签:内封题名

定义:印写在家谱内封面上的题名。

注释:内封相当于现代图书的题名页,故又称题名页题名或扉页题名。

术语类型:元素修饰词

限定:题名

6.1.5 元素修饰词:书衣题名

标识符:http://www.nlc.gov.cn/rarebook/terms/coverTitle

名称:cover title

出处:国家图书馆

标签:书衣题名

定义:印写在家谱书衣上的题名。

注释:书衣又称外封或外封面,相当于现代图书的封面,主要用来保护书籍,有时也在此印写题名。

术语类型:元素修饰词

限定:题名

6.1.6 元素修饰词:书根题名

标识符:http://www.nlc.gov.cn/rarebook/terms/book'sRootTitle

名称:book's root title

出处:国家图书馆

标签:书根题名

定义:印写在书根上的题名。

注释:书根指书籍下端的切口部分。旧家谱多卧置,为便于检阅,有些家谱利用书根书写或加印书名、卷次和册数等。

术语类型:元素修饰词

限定:题名

6.1.7 元素修饰词:书脊题名

标识符:http://www.nlc.gov.cn/core/terms/titleAtRidge

名称:title at ridge

出处:国家图书馆

标签:书脊题名

定义:印写在书背上的题名。

术语类型:元素修饰词

限定:题名

6.1.8 元素修饰词:其他题名

标识符:http://www.nlc.gov.cn/core/terms/otherTitle

名称:other title

出处:国家图书馆

标签:其他题名

定义:所著录的家谱资源中提到的与上述题名不一致的题名。

注释:著录其他题名时,需要同时在附注中说明其他题名的出处位置 。

术语类型:元素修饰词

限定:题名

6.2 元素:主要责任者

标识符:http://www.nlc.gov.cn/core/elements/creator

名称:creator

出处:Dublin Core Terms:http://purl.org/dc/terms/

标签:主要责任者

定义:对家谱内容负主要责任的个人或团体。

注释:主要责任者包括个人或团体,一般而言,用主要责任者的名称来标识这一条目。责任者姓名一般据谱内本次的修谱任事名目著录。主要责任者一般定为主修,次为纂修。

术语类型:元素

元素修饰词:责任方式,责任者说明

6.2.1 元素修饰词:责任方式

标识符:http://www.nlc.gov.cn/core/terms/role

名称:role

出处:国家图书馆

标签:责任方式

定义:责任者对家谱纂修做出贡献的方式。

注释:主要责任者的责任方式一般可定为主修或者纂修。

术语类型:元素修饰词

限定:主要责任者

6.2.2 元素修饰词:责任者说明

标识符:http://www.nlc.gov.cn/core/terms/statementOfResponsibility

名称:statement of responsibility

出处:国家图书馆

标签:责任者说明

定义:责任者的别名、字、号、时代、朝代,国别,身份等说明性的信息。

注释:其中关于责任者朝代的说明,清代及清代以前的责任者必须说明朝代。清以后责任者朝代从略。对于朝代的著录,建议取自"中国历史朝代名称著录规范表"。

术语类型:元素修饰词

限定:主要责任者

6.3 元素:其他责任者

标识符:http://www.nlc.gov.cn/core/elements/contributor

名称:contributor

出处:Dublin Core Terms:http://purl.org/dc/terms/

标签:其他责任者

定义:对家谱内容的纂修负次要责任的个人或团体,如倡修、督修、协修、分修、分纂家谱或制作数字家谱的个人或团体。

注释:其他责任者包括个人或团体,一般而言,用其他责任者的名称来标识这一条目。

术语类型:元素

元素修饰词:责任方式,责任者说明

6.3.1 元素修饰词:责任方式

标识符:http://www.nlc.gov.cn/core /terms/role

名称:role

出处:国家图书馆

标签:责任方式

定义:责任者对家谱做出贡献的方式。

注释:其他责任者的责任方式指除主要责任方式外的其他任何责任方式,如倡修、督修、协修、分修、分纂、制作等。

术语类型:元素修饰词

限定:其他责任者

6.3.2 元素修饰词:责任者说明

标识符:http://www.nlc.gov.cn/core/terms/statementOfResponsibility

名称:statement of responsibility

出处:国家图书馆

标签:责任者说明

定义:责任者的别名、字、号、时代、朝代,国别,身份等说明性的信息。

注释:其中关于责任者时代的说明,清代及清代以前的责任者必须说明时代。清以后责任者时代从略。对于朝代的著录,建议取自“中国历史朝代名称著录规范表”。

术语类型:元素修饰词

限定:其他责任者

6.4 元素:主题

标识符:http://www.nlc.gov.cn/core/elements/subject

名称:subject

出处:Dublin Core Terms:http://purl.org/dc/terms/

标签:主题

定义:有关家谱内容主题的描述。

注释:可从家谱的名称和内容中进行提取,并且可有多个主题词。

术语类型:元素

编码体系修饰词:中国分类主题词表,刘国钧分类法,四部分类法

6.4.1 编码体系修饰词:中国分类主题词表

标识符:http://www.nlc.gov.cn/core/terms/CCT

名称:CCT

出处:国家图书馆

标签:中国分类主题词表

定义:中国分类主题词表是对人类各类知识内容主题进行规范分类描述的大型、综合标引工具。

注释:此处专指依据《中国分类主题词表》对家谱资源内容进行规范的分类号和主题词标引。

术语类型:编码体系修饰词

编码体系应用于:主题

6.4.2 编码体系修饰词:刘国钧分类法

标识符:http://www.nlc.gov.cn/core/terms/LGJ

名称:LGJ

出处:国家图书馆

标签:刘国钧分类法

定义:中文普通线装书分类表。

术语类型:编码体系修饰词

编码体系应用于:主题

6.4.3 编码体系修饰词:四部分类法

标识符:http://www.nlc.gov.cn/core/terms/FDC

名称:FDC

出处:国家图书馆

标签:四部分类法

定义:中国传统的将图书划分为经、史、子、集四部的分类方法。

术语类型:编码体系修饰词

编码体系应用于:主题

6.5 元素:附注

标识符:http://www.nlc.gov.cn/core/elements/description

名称:description

出处:Dublin Core Terms:http://purl.org/dc/terms/

标签:附注

定义:对家谱任何内容的说明。

注释:可以包括但不限于以下内容:对家谱版本、目录、提要的描述等,可著录家谱的残存情况、题名未反映的纂修数次、题名的著录来源、鉴定版本的特征依据等其他元素无法描述的家谱信息。

术语类型:元素

元素修饰词:版本附注,目录,提要

6.5.1 元素修饰词:版本附注

标识符:http://www.nlc.gov.cn/ancientBookCategory/terms/VersionNote

名称:version note

出处:国家图书馆

标签:版本附注

定义:与家谱资源相关的版本的说明。

注释:此项著录家谱资源的版本信息,如校刊、影印、刊印、数字化家谱的版本依据及其和家谱版本相关的说明。

术语类型:元素修饰词

限定:附注

6.5.2 元素修饰词:目录

标识符:http://www.nlc.gov.cn/core/terms/tableOfContents

名称:table of contents

出处:Dublin Core Terms:http://purl.org/dc/terms/

标签:目录

定义:家谱内容的子单元列表。

术语类型:元素修饰词

限定:附注

6.5.3　元素修饰词:提要

标识符:http://www.nlc.gov.cn/core/terms/abstract

名称:abstract

出处:Dublin Core Terms:http://purl.org/dc/terms/

标签:提要

定义:家谱内容的提要。

注释:一般描述该家族的历史渊源以及迁徙情况。

术语类型:元素修饰词

限定:附注

6.6　元素:出版者

标识符:http://www.nlc.gov.cn/core/elements/publisher

名称:publisher

出处:Dublin Core Terms:http://purl.org/dc/terms/

标签:出版者

定义:使家谱资源成为可以获得并可利用的责任者。

注释:此处著录纸本家谱的实际刻印者,数字家谱和胶卷家谱的版权拥有者。

术语类型:元素

元素修饰词:出版地,印刷者,印刷地

6.6.1　元素修饰词:出版地

标识符:http://www.nlc.gov.cn/core/terms/publishingPlace

名称:publishing place

出处:Dublin Core Terms:http://purl.org/dc/terms/

标签:出版地

定义:使家谱资源成为可以获得并可利用的责任者的所在地。

术语类型:元素修饰词

限定:出版者

6.6.2 元素修饰词:印刷者

标识符:http://www.nlc.gov.cn/core/terms/printer

名称:printer

出处:Dublin Core Terms:http://purl.org/dc/terms/

标签:印刷者

定义:将家谱付诸印制的个人或团体。

术语类型:元素修饰词

限定:出版者

6.6.3 元素修饰词:印刷地

标识符:http://www.nlc.gov.cn/core/terms/printedPlace

名称:printed place

出处:Dublin Core Terms:http://purl.org/dc/terms/

标签:印刷地

定义:将家谱批量印制的具体地点。

术语类型:元素修饰词

限定:出版者

6.7 元素:日期

标识符:http://www.nlc.gov.cn/core/elements/date

名称:date

出处:Dublin Core Terms:http://purl.org/dc/terms/

标签:日期

定义:与家谱生命周期中的一个事件相关的日期。比如家谱纂修时间、出版时间等。

注释:一般而言,日期应与家谱的创建或可获得的日期相关。

术语类型:元素

元素修饰词:纂修日期,创修日期,出版日期,印刷日期,修改日期

编码体系修饰词:年号纪年,公元纪年,W3CDTF

6.7.1 元素修饰词:纂修日期

标识符:http://www.nlc.gov.cn/core/terms/created

名称:created

出处:Dublin Core Terms:http://purl.org/dc/terms/

标签:纂修日期

定义:家谱纂修的日期。

注释:指家谱纂修完成的日期。

术语类型:元素修饰词

限定:日期

编码体系修饰词:年号纪年,公元纪年,W3CDTF

6.7.2　元素修饰词:创修日期

标识符:http://www.nlc.gov.cn/genealogy/terms/originalDate

名称:original date

出处:国家图书馆

标签:创修日期

定义:家谱第一次纂修完成的时间。

术语类型:元素修饰词

限定:日期

编码体系修饰词:年号纪年,公元纪年,W3CDTF

6.7.3　元素修饰词:出版日期

标识符:http://www.nlc.gov.cn/core/terms/issued

名称:issued

出处:Dublin Core Terms:http://purl.org/dc/terms/

标签:出版日期

定义:家谱资源正式出版的时间。

术语类型:元素修饰词

限定:日期

编码体系修饰词:年号纪年,公元纪年,W3CDTF

6.7.4　元素修饰词:印刷日期

标识符:http://www.nlc.gov.cn/core/terms/printDate

名称:print date

出处:国家图书馆

标签:印刷日期

定义:完成家谱资源的纂修后付诸印制的时间。

术语类型:元素修饰词

限定:日期

编码体系修饰词:年号纪年,公元纪年,W3CDTF

6.7.5 元素修饰词:修改日期

标识符:http://www.nlc.gov.cn/core/terms/modified

名称:modified

出处:Dublin Core Terms:http://purl.org/dc/terms/

标签:修改日期

定义:修改家谱内容的时间。

注释:指后人在原谱上手笔修改、增补内容的时间,家谱可能会有二次修改、三次修改等,因此可对该元素重复著录。

术语类型:元素修饰词

限定:日期

编码体系修饰词:年号纪年,公元纪年,W3CDTF

6.7.6 编码体系修饰词:年号纪年

标识符:http://www.nlc.gov.cn/ancientBookCategory/terms/ChineseCalendarDate

名称:Chinese calendar date

出处:http://www.nlc.gov.cn/ancientBookCategory/terms/

标签:年号纪年

定义:中国及其周边国家以皇帝(或国王)的年号或国号为名称的纪年法。

注释:中国封建王朝年号前应加中国朝代名,中国周边国家年号前应加国别名。可参见万国鼎《中国历史纪年表》、郑鹤声《近世中西史日对照表》。

术语类型:编码体系修饰词

编码体系应用于:日期,纂修日期,创修日期,出版日期,印刷日期,修改日期

6.7.7 编码体系修饰词:公元纪年

标识符:http://www.nlc.gov.cn/core/terms/GregorianCalendarDate

名称:Gregorian calendar date

出处:http://www.nlc.gov.cn/core/terms/

标签:公元纪年

定义:以耶稣出生之年算起的基督教纪年法,又称西元纪年,简称“西元”或“公元”。

注释:是目前大多数国家纪年的标准。

术语类型:编码体系修饰词

编码体系应用于:日期,纂修日期,创修日期,出版日期,印刷日期,修改日期

6.7.8　编码体系修饰词:W3CDTF

标识符:http://www.nlc.gov.cn/core/terms/W3CDTF

名称:W3CDTF

出处:ISO 8601

标签:W3C - DTF

定义:W3C 日期和时间的置标规则是基于 ISO 8601 规则的一个应用。

注释:可参见 http://www.w3.org/TR/NOTE-datetime

术语类型:编码体系修饰词

编码体系应用于:日期,纂修日期,创修日期,出版日期,印刷日期,修改日期

6.8　元素:时空范围

标识符:http://www.nlc.gov.cn/core/elements/coverage

名称:coverage

出处:Dublin Core Terms:http://purl.org/dc/elements/

标签:时空范围

定义:家谱资源内容所涉及的空间和时间范围。

注释:时空范围一般包括空间位置(一个地名或地理坐标)、时间区间(一个时间标签,日期或一个日期范围)或者行政辖区的范围(比如指定的一个行政实体)。推荐时空范围最好是取自于一个受控词表(例如中国主题分类词表),并应尽可能地使用由数字表示的坐标或日期区间来描述地名与时间段。

术语类型:元素

元素修饰词:空间,时间

编码体系修饰词:年号纪年,公元纪年,DCMIpoint,ISO 3166,DCMIbox,中国分类主题词表,DCMIperiod,W3CDTF

6.8.1　元素修饰词:空间

标识符:http://www.nlc.gov.cn/core/terms/spatial

名称:spatial

出处:Dublin Core Terms:http://purl.org/dc/terms/

标签:空间

定义:家谱资源知识内容涉及的地理范围。

术语类型:元素修饰词

编码体系修饰词:DCMIpoint,ISO 3166,DCMIbox,中国分类主题词表

限定:时空范围

6.8.1.1 编码体系修饰词:DCMIpoint

标识符:http://www.nlc.gov.cn/core/terms/DCMIpoint

名称:DCMIpoint

出处:Dublin Core Terms:http://purl.org/dc/terms/

标签:Point

定义:一种表示空间的方式,利用地理坐标来识别空间中的一个点。

注释:DCMI 推荐,可参见:http://dublincore.org/documents/dcmi-point/

术语类型:编码体系修饰词

编码体系应用于:时空范围,空间

6.8.1.2 编码体系修饰词:DCMIbox

标识符:http://www.nlc.gov.cn/core/terms/DCMIbox

名称:DCMIbox

出处:Dublin Core Terms:http://purl.org/dc/terms/

标签:Box

定义:一种表示空间的方式,用地理范围来表示一个空间区域。

注释:DCMI 推荐,可参见:http://dublincore.org/documents/dcmi-box/

术语类型:编码体系修饰词

编码体系应用于:时空范围,空间

6.8.1.3 编码体系修饰词:ISO 3166

标识符:http://www.nlc.gov.cn/core/terms/ISO3166

名称:ISO 3166

出处:http://www.din.de/gremien/nas/nabd/iso3166ma/codlstp1/index.html

标签:ISO 3166

定义:用来表示国家名称的一种代码标准。

注释:可参见:http://www.din.de/gremien/nas/nabd/iso3166ma/codlstp1/index.html

术语类型:编码体系修饰词

编码体系应用于:时空范围,空间

6.8.1.4 编码体系修饰词:中国分类主题词表

标识符:http://www.nlc.gov.cn/core/terms/CCT

名称:CCT

出处:国家图书馆

标签:中国分类主题词表

定义:中国分类主题词表是对人类各类知识内容主题进行规范分类描述的大型、综合标引工具。

注释:此处专指依据《中国分类主题词表》对家谱内容中涉及的地理名称进行标引。

术语类型:编码体系修饰词

编码体系应用于:时空范围.空间

6.8.2 元素修饰词:时间

标识符:http://www.nlc.gov.cn/core/terms/temporal

名称:temporal

出处:Dublin Core Terms:http://purl.org/dc/terms/

标签:时间

定义:家谱资源知识内容涉及的时间范围。

术语类型:元素修饰词

编码体系修饰词:年号纪年,公元纪年,DCMIperiod,W3CDTF

限定:时空范围

6.8.2.1 编码体系修饰词:年号纪年

标识符:http://www.nlc.gov.cn/ancientBookCategory/terms/ChineseCalendarDate

名称:Chinese calendar date

出处:http://www.nlc.gov.cn/ancientBookCategory/terms/

标签:年号纪年

定义:中国及其周边国家以皇帝(或国王)的年号或国号为名称的纪年法。

注释:中国封建王朝年号前应加中国朝代名,中国周边国家年号前应加国别名。可参见万国鼎《中国历史纪年表》,郑鹤声《近世中西史日对照表》。

术语类型:编码体系修饰词

编码体系应用于:时空范围,时间

6.8.2.2 编码体系修饰词:公元纪年

标识符:http://www.nlc.gov.cn/core/terms/GregorianCalendarDate

名称:Gregorian calendar date

出处:http://www.nlc.gov.cn/core/terms/

标签:公元纪年

定义:以耶稣出生之年算起的基督教纪年法,又称西元纪年,简称“西元”或“公元”。

注释:是目前大多数国家纪年的标准。

术语类型:编码体系修饰词

编码体系应用于:时空范围,时间

6.8.2.3　编码体系修饰词:DCMIperiod

标识符:http://www.nlc.gov.cn/core/terms/DCMIperiod

名称:DCMIperiod

出处:http://dublincore.org/documents/dcmi-period/

标签:Period

定义:对时间段进行界定的一种约定。

注释:DCMI 推荐,可参见:http://dublincore.org/documents/dcmi-period/

术语类型:编码体系修饰词

编码体系应用于:时空范围,时间

6.8.2.4　编码体系修饰词:W3CDTF

标识符:http://www.nlc.gov.cn/core/terms/W3CDTF

名称:W3CDTF

出处:ISO 8601

标签:W3C – DTF

定义:一种日期和时间的置标规则。

注释:可参见:http://www.w3.org/TR/NOTE-datetime

术语类型:编码体系修饰词

编码体系应用于:时空范围,时间

6.9　元素:格式

标识符:http://www.nlc.gov.cn/core/elements/format

名称:format

出处:Dublin Core Terms:http://purl.org/dc/terms/

标签:格式

定义:家谱资源的物理或数字表现形式。

注释:包括家谱的媒体类型或家谱资源存贮容量,也可以用来限定家谱资源显示或操作所需的软硬件或其他相应设备。例如尺寸规格可以是家谱信息可占存贮空间的大小尺寸或持续时间。建议采用受控词表,例如因特网媒体类型[MIME]定义的计算机媒体格式表。"格式"元素仅用来描述数字家谱,纸本家谱该方面的信息由"载体形态"元素进行描述。

术语类型:元素

元素修饰词:大小,媒体

6.9.1 元素修饰词:大小

标识符:http://www.nlc.gov.cn/core/terms/extent

名称:extent

出处:Dublin Core Terms:http://purl.org/dc/terms/

标签:大小

定义:家谱所占存储空间的大小。

注释:该元素仅限于描述数字家谱。

术语类型:元素修饰词

限定:格式

6.9.2 元素修饰词:媒体

标识符:http://www.nlc.gov.cn/core/terms/medium

名称:medium

出处:Dublin Core Terms:http://purl.org/dc/terms/

标签:媒体

定义:传播家谱信息的载体和存贮家谱信息的载体。

注释:说明数字家谱的载体形式和存储格式。如家谱图像文件存贮格式为 jpg 或 png 等。

术语类型:元素修饰词

限定:格式

6.10 元素:语种

标识符:http://www.nlc.gov.cn/core/elements/language

名称:language

出处:Dublin Core Terms:http://purl.org/dc/terms/

标签:语种

定义:描述家谱内容所使用的语种。

术语类型:元素

编码体系修饰词:RFC 3066

编码体系修饰词:RFC 3066

标识符:http://www.nlc.gov.cn/core/terms/RFC3066

名称:RFC 3066

出处:http://www.ietf.org/rfc/rfc3066.txt

标签:RFC 3066

定义:互联网 RFC 3066 即“语言表示的标签”,这个标签前半部分由选自 ISO 639-1 的两个字母或取自 ISO 639-2 的 3 个字母组成,后半部分(可选)为取自 ISO 3166 的两个字母的国家代码或是到 IANA 注册的三字母以上的代码。ISO 639 中的语言代码,如有两个和 3 个字母的代码,则选两个字母的代码,当只有 3 个字母的代码时选取 3 个字母的代码。

注释:建议用该标准代替 RFC 1766。可参见:http://www.ietf.org/rfc/rfc3066.txt

术语类型:编码体系修饰词

编码体系应用于:语种

6.11 元素:标识符

标识符:http://www.nlc.gov.cn/core/elements/identifier

名称:identifier

出处:Dublin Core Terms:http://purl.org/dc/terms/

标签:标识符

定义:在特定范围内唯一识别家谱资源的标识。

注释:给予家谱资源的具有唯一识别性的标识符号。可由标识应用系统的前缀(即标识符的类型)与一字符串(即标识符的值)组成。可由系统自动产生或由人工赋予。

术语类型:元素

编码体系修饰词:DOI,URI

6.11.1 编码体系修饰词:DOI

标识符:http://www.nlc.gov.cn/core/terms/DOI

名称:DOI

出处:International DOI Foundation

标签:DOI

定义:Digital Object Identifier 的缩写,由 International DOI Foundation 组织构造。是按一定规则为数字环境中的数字对象分配的、唯一的、永久性的标识,方便该对象被管理和使用。

术语类型:编码体系修饰词

编码体系应用于:标识符

6.11.2 编码体系修饰词:URI

标识符:http://www.nlc.gov.cn/core/terms/URI

名称:URI

出处:http://www.ietf.org/rfc/rfc2396.txt

标签:URI

定义:统一资源标识符。

注释:可参见 http://www.ietf.org/rfc/rfc2396.txt

术语类型:编码体系修饰词

编码体系应用于:标识符

6.12 元素:类型

标识符:http://www.nlc.gov.cn/core/elements/type

名称:type

出处:Dublin Core Terms:http://purl.org/dc/terms/

标签:类型

定义:家谱的特征或类型。

注释:建议采用来自于受控词表中的值(例如 DCMI 类型词汇表[DCMITYPE])。要描述家谱的物理或数字化表现形式,须使用元素"格式"。

术语类型:元素

6.13 元素:相关资源

标识符:http://www.nlc.gov.cn/core/elements/relation

名称:relation

出处:Dublin Core Terms:http://purl.org/dc/terms/

标签:相关资源

定义:对与当前家谱资源相关的其他资源的指引。

注释:建议最好使用符合规范标识体系的字符串或数字标识所要指引的资源。在本规范中可用相关资源元素著录出家谱与家谱之间前后继承关系,如盛宣怀家谱在清光绪十九年(1893)与民国三十二年(1943)纂修之间的关联;还可描述几修本之间的关系,如七修本与八修本的关联。另外,还有统谱与支谱的关联等。也可著录与当前家谱相关的任何其他资源。

术语类型:元素

元素修饰词:格式转换为,格式转换自,抄写为,抄写自,丛编,子目,统谱,支谱,版本关联

编码体系修饰词:DOI,URI

6.13.1 元素修饰词:格式转换为

标识符:http://www.nlc.gov.cn/core/terms/hasFormat

名称:has format

出处:Dublin Core Terms:http://purl.org/dc/terms/

标签:格式转换为

定义:所描述的家谱资源和被转换格式之后的家谱资源有着相同的知识内容,只是格式不同。

注释:例如某家谱资源有缩微胶卷,或有 PDF 格式的数字家谱,则可在此著录该胶卷或 PDF 格式家谱的唯一标识符或题名。

术语类型:元素修饰词

限定:相关资源

编码体系修饰词:DOI,URI

6.13.2 元素修饰词:格式转换自

标识符:http://www.nlc.gov.cn/core/terms/isFormatOf

名称:is format of

出处:Dublin Core Terms:http://purl.org/dc/terms/

标签:格式转换自

定义:所著录的家谱的格式是从另外一种格式转换而来,它们有相同的知识内容,只是格式不同。

术语类型:元素修饰词

限定:相关资源

编码体系修饰词:DOI,URI

6.13.3 元素修饰词:抄写为

标识符:http://www.nlc.gov.cn/ancientBookCategory/terms/transcribedTo

名称:transcribed to

出处:国家图书馆

标签:抄写为

定义:所著录的家谱被抄写为另一种家谱。

注释:指据该谱抄写的另一种家谱。

术语类型:元素修饰词

限定:相关资源

编码体系修饰词:DOI,URI

6.13.4 元素修饰词:抄写自

标识符:http://www.nlc.gov.cn/ancientBookCategory/terms/transcribedOf

名称:transcribed of

出处:国家图书馆

标签:抄写自

定义:所著录的家谱根据另一种家谱抄写。

注释:指抄写该谱时的底本。

术语类型:元素修饰词

限定:相关资源

编码体系修饰词:DOI,URI

6.13.5 元素修饰词:丛编

标识符:http://www.nlc.gov.cn/core/terms/relationSeries

名称:relation series

出处:国家图书馆

标签:丛编

定义:以丛编形式出版的家谱。

注释:一般以新修家谱居多。

术语类型:元素修饰词

限定:相关资源

编码体系修饰词:DOI,URI

6.13.6 元素修饰词:子目

标识符:http://www.nlc.gov.cn/core/terms/subSet

名称:sub-object

出处:国家图书馆

标签:子目

定义:丛编形式下的单种家谱。

术语类型:元素修饰词

限定:相关资源

编码体系修饰词:DOI,URI

6.13.7 元素修饰词:统谱

标识符:http://www.nlc.gov.cn/core/terms/isPartOf

名称:is part of

出处:Dublin Core Terms:http://purl.org/dc/terms/

标签:统谱

定义:多个地区同一姓氏的合修之谱。

注释:统谱既可是同姓不同宗的合修之谱,也可是同宗不同支的合修之谱,既可为同一县市的几个支族合修之谱,亦可为跨地区、省份的多个宗族合修之谱。

术语类型:元素修饰词

限定:相关资源

编码体系修饰词:DOI,URI

6.13.8 元素修饰词:支谱

标识符:http://www.nlc.gov.cn/core/terms/hasPart

名称:has part

出处:Dublin Core Terms:http://purl.org/dc/terms/

标签:支谱

定义:指家族中某一支派、一房所修的家谱。

术语类型:元素修饰词

限定:相关资源

编码体系修饰词:DOI,URI

6.13.9 元素修饰词:版本关联

标识符:http://www.nlc.gov.cn/core/terms/hasVersion

名称:has version

出处:Dublin Core Terms:http://purl.org/dc/terms/

标签:版本关联

定义:和被描述的家谱有版本和改编本等方面的关联。

注释:原修家谱和家谱增补本,家谱续修本之间的关联著录于此。

术语类型:元素修饰词

限定:相关资源

编码体系修饰词:DOI,URI

6.13.10 编码体系修饰词:DOI

标识符:http://www.nlc.gov.cn/core/terms/DOI

名称:DOI

出处:International DOI Foundation

标签:DOI

定义:Digital Object Identifier 的缩写,由 International DOI Foundation 组织构造。是按一定规则为数字环境中的数字对象分配的、唯一的、永久性的标识,方便该对象被管理和使用。

术语类型:编码体系修饰词

编码体系应用于:相关资源,格式转换为,格式转换自,抄写为,抄写自,丛编,子目,统谱,支谱,版本关联

6.13.11 编码体系修饰词:URI

标识符:http://www.nlc.gov.cn/core/terms/URI

名称:URI

出处:http://www.ietf.org/rfc/rfc2396.txt

标签:URI

定义:统一资源标识符。

注释:可参见 http://www.ietf.org/rfc/rfc2396.txt 。

术语类型:编码体系修饰词

编码体系应用于:相关资源,格式转换为,格式转换自,抄写为,抄写自,丛编,子目,统谱,支谱版本关联

6.14 元素:来源

标识符:http://www.nlc.gov.cn/core/elements/source

名称:source

出处:Dublin Core Terms:http://purl.org/dc/terms/

标签:来源

定义:对所描述的家谱来源的参照或指引。

注释:当前资源可能部分或全部源自于来源元素所标识的资源。对家谱数字资源来说,多为派生出本资源的非数字资源。可用正式标识体系的字符串表示,如 URI 以及其他标识非数字资源的编码体系(ISBN、ISSN、ISRC 等)。

术语类型:元素

编码体系修饰词:DOI,URI

6.14.1 编码体系修饰词:DOI

标识符:http://www.nlc.gov.cn/core/terms/DOI

名称:DOI

出处:International DOI Foundation

标签:DOI

定义:Digital Object Identifier 的缩写,由 International DOI Foundation 组织构造。是按一定规则为数字环境中的数字对象分配的、唯一的、永久性的标识,方便该对象被管理和使用。

术语类型:编码体系修饰词

编码体系应用于:来源

6.14.2 编码体系修饰词:URI

标识符:http://www.nlc.gov.cn/core/terms/URI

名称:URI

出处:http://www.ietf.org/rfc/rfc2396.txt

标签:URI

定义:统一资源标识符。

注释:可参见 http://www.ietf.org/rfc/rfc2396.txt 。

术语类型:编码体系修饰词

编码体系应用于:来源

6.15 元素:权限

标识符:http://www.nlc.gov.cn/core/elements/rights

名称:rights

出处:Dublin Core Terms:http://purl.org/dc/terms/

标签:权限

定义:与家谱有关的权利和许可的声明。

注释:一般包括知识产权(IPR)、版权或其他各种权利,如拥有、租用、访问、裸数据加工等。如果没有权限元素的标注,不可以对与家谱资源相关的上述或其他权利的情况作出任何假定。

术语类型:元素

7 古文献类核心元素及其修饰词定义

7.1 元素:版本类型

标识符:http://www.nlc.gov.cn/ancientBookCatergory/terms/edition

名称:edition

出处:国家图书馆

标签:版本类型

定义:家谱因制作方式不同而产生的不同类型的版本。

注释:例如稿本、抄本、刻本、活字本、石印本、铅印本、油印本、电脑打印本等。

术语类型:元素

元素修饰词:版印说明

版印说明

标识符:http://www.nlc.gov.cn/ancientBookCategory/terms/editionStatement

名称:edition statement

出处:国家图书馆

标签:版印说明

定义:家谱版本类型的附加说明。

注释:此项著录家谱原本印刷的方式、色彩、修版、补版、初印、后印等。

术语类型:元素修饰词

限定:版本类型

7.2 元素:载体形态

标识符:http://www.nlc.gov.cn/ancientBookCatergory/terms/physicalDescription

名称:physical description

出处:国家图书馆

标签:载体形态

定义:纸本家谱的外形特征。

注释:描述家谱的装订方式、数量、色彩、尺寸、附件等外观信息。

术语类型:元素

元素修饰词:装订方式,数量,尺寸,附件,图表,行款版式

7.2.1 元素修饰词:装订方式

标识符:http://www.nlc.gov.cn/ancientBookCatergory/terms /binding

名称:binding

出处:国家图书馆

标签:装订方式

定义:将家谱装订成册的各种方式。

注释:有线装、蝴蝶装、经折装、包背装等。

术语类型:元素修饰词

限定:载体形态

7.2.2 元素修饰词:数量

标识符:http://www.nlc.gov.cn/ancientBookCatergory/terms/number

名称:number

出处:国家图书馆

标签:数量

定义:一种家谱所包含的具体数量。

注释:通常用册、函等表示。

术语类型:元素修饰词

限定:载体形态

7.2.3 元素修饰词:尺寸

标识符:http://www.nlc.gov.cn/ancientBookCatergory/terms/size

名称:dimension

出处:国家图书馆

标签:尺寸

定义:家谱外观的大小尺寸。

注释:纸本家谱的原有开本尺寸,以 cm(厘米)为单位,精确到毫米。先著录高度,后著录宽度,中间用乘号"×"连接。

术语类型:元素修饰词

限定:载体形态

7.2.4 元素修饰词:附件

标识符:http://www.nlc.gov.cn/ancientBookCatergory/terms/accompanyingMaterial

名称:accompanying material

出处:国家图书馆

标签:附件

定义:与家谱的正文有关联,但在物理实体上与家谱的主体相互分离的家谱附属部分。

注释:凡和家谱原书放置在一起,且有著录价值的物品,都可以在此项著录。

术语类型:元素修饰词

限定:载体形态

7.2.5 元素修饰词:图表

标识符:http://www.nlc.gov.cn/ancientBookCatergory/terms/chart

名称:chart

出处:国家图书馆

标签:图表

定义:家谱中的世系图表等。

术语类型:元素修饰词

限定:载体形态

7.2.6　元素修饰词:行款版式

标识符:http://www.nlc.gov.cn/ancientBookCatergory/terms/LinesPerPage

名称:paragraph format

出处:国家图书馆

标签:行款版式

定义:行款是家谱每叶或每半叶的行数和每行的字数;版式是家谱版面的安排方式。

注释:此项著录旧家谱每叶或每半叶的行数和每行的大小字数,以及书口、鱼尾、版框形式及版框尺寸等情况。

术语类型:元素修饰词

限定:载体形态

7.3　文献保护

标识符:http://www.nlc.gov.cn/ancientBookCategory/terms/Protection

名称:protection

出处:国家图书馆

标签:文献保护

定义:家谱的保存修复状况以及对其珍贵程度、破损程度所进行的级别认证。

注释:此元素著录家谱的文献保护事项,可根据古籍普查的要求著录。

术语类型:元素

元素修饰词:文物级别,破损级别

7.3.1　文物级别

标识符:http://www.nlc.gov.cn/ancientBookCategory/terms/distinction

名称:distinction

出处:国家图书馆

标签:文物级别

定义:被著录家谱根据珍贵程度所划分的级别。

注释:此项著录家谱的文物级别。根据中华人民共和国文化行业标准《古籍定级标准》(WH/T 20—2006)选择相应的级别和等次。

术语类型:元素修饰词

限定:文献保护

7.3.2　破损级别

标识符:http://www.nlc.gov.cn/ancientBookCategory/terms/distinctionOfDisrepair

名称:distinction of disrepair

出处:国家图书馆

标签:破损级别

定义:被著录家谱根据破损程度所划分的级别。

注释:此项著录家谱原物的破损级别,依据中华人民共和国文化行业标准《古籍特藏破损定级标准》(WH/T 22—2006)著录。

术语类型:元素修饰词

限定:文献保护

7.4　元素:收藏历史

标识符:http://www.nlc.gov.cn/ancientBookCatergory/terms/provenance

名称:provenance

出处:国家图书馆

标签:收藏历史

定义:家谱的流传历史及相关内容。

注释:用于反映所著录家谱的收藏情况,包括收藏者、收藏沿革、题跋印记、获得方式、购买价格等。

术语类型:元素

元素修饰词:获得方式,题跋印记,采访时间,采访地点

编码体系修饰词:W3CDTF

7.4.1　元素修饰词:获得方式

标识符:http://www.nlc.gov.cn/ancientBookCatergory/terms/availability

名称:availability

出处:国家图书馆

标签:获得方式

定义:家谱获得来源。

注释:购买价格著录于此。

术语类型:元素修饰词

限定:收藏历史

7.4.2 元素修饰词:题跋印记

标识符:http://www.nlc.gov.cn/ancientBookCatergory/terms/inscriptionAndSeal

名称:inscription and seal

出处:国家图书馆

标签:题跋印记

定义:后人在其收藏的家谱上所题识的有价值的文字以及钤盖的藏印。

注释:谱中题有或录有有价值的批点、校勘、题词、跋语等在此注明。

术语类型:元素修饰词

限定:收藏历史

7.4.3 元素修饰词:采访时间

标识符:http://www.nlc.gov.cn/ancientBookCatergory/terms/interviewed

名称:interviewed

出处:国家图书馆

标签:采访时间

定义:家谱被采访到的日期。

术语类型:元素修饰词

限定:收藏历史

编码体系修饰词:W3CDTF

7.4.4 元素修饰词:采访地点

标识符:http://www.nlc.gov.cn/ancientBookCatergory/terms/interviewPlace

名称:interview place

出处:国家图书馆

标签:采访地点

定义:家谱被采访时的地点。

术语类型:元素修饰词

限定:收藏历史

7.4.5 编码体系修饰词:W3CDTF

标识符:http://www.nlc.gov.cn/ancientBookCatergory/terms/W3CDTF

名称:W3CDTF

出处:ISO 8601

标签:W3C - DTF

定义:一种日期和时间的置标规则。

注释：可参见 http://www. w3. org/TR/NOTE-datetime

术语类型：编码体系修饰词

编目体系修饰词应用于：收藏历史，采访时间

7.5 元素：馆藏信息

标识符：http://www. nlc. gov. cn/ancientBookCatergory/terms/location

名称：location

出处：Metadata Object Description Schema：http://www. loc. gov/mods

标签：馆藏信息

定义：用以标识存取该家谱的所有权或对存取该家谱资源负责的机构所有权。

注释：著录家谱的收藏机构（如上海图书馆、浙江图书馆等）、典藏号（取值为家谱在某一收藏机构的索书号）等内容。

术语类型：元素

元素修饰词：典藏址，典藏号

7.5.1 元素修饰词：典藏址

标识符：http://www. nlc. gov. cn/ancientBookCategory/terms/subLocation

名称：sub-location

出处：国家图书馆

标签：典藏址

定义：被著录家谱在所属机构中的具体典藏位置。

术语类型：元素修饰词

限定：馆藏信息

7.5.2 元素修饰词：典藏号

标识符：http://www. nlc. gov. cn/ancientBookCatergory/terms/callNumber

名称：call number

出处：国家图书馆

标签：典藏号

定义：收藏单位给予家谱的索取号。

注释：著录家谱资源上标注的典藏号。

术语类型：元素修饰词

限定：馆藏信息

7.5.3　其他复本信息

标识符:http://www.nlc.gov.cn/ancientBookCategory/terms/copy

名称:copy

出处:http://www.nlc.gov.cn/ancientBookCategory/terms/

标识:其他复本信息

定义:与本记录所著录家谱在内容及版印方面相同的其他藏本的相关信息。

注释:此元素的设置是为了著录那些没有独立书目记录的家谱复本的相关信息。其他复本与本记录所描述的家谱藏本在内容和版印上情况基本一致,但可能在册函数、开本大小、获得方式、藏章印记、破损与完整情况、典藏地址、典藏号等方面与本记录所描述的家谱藏本有所不同。所以一般应该从载体形态、附注、收藏历史、馆藏信息等方面予以反映。

术语类型:元素

8　家谱个别元素及其修饰词定义

8.1　元素:姓氏

标识符:http://www.nlc.gov.cn/genealogy/terms/familyName

名称:family name

出处:国家图书馆

标签:姓氏

定义:表明家族系统的称号。

注释:即谱主的姓。

术语类型:元素

元素修饰词:姓氏来源,改姓前,改姓后

8.1.1　元素修饰词:姓氏来源

标识符:http://www.nlc.gov.cn/genealogy/terms/sourceName

名称:source name

出处:国家图书馆

标签:姓氏来源

定义:表明家族系统的称号的来源。

注释:即谱主的姓氏的来源。

术语类型:元素修饰词

限定:姓氏

8.1.2　元素修饰词:改姓前

标识符:http://www.nlc.gov.cn/genealogy/terms/beforeName

名称:before name

出处:国家图书馆

标签:姓氏

定义:家族用当前姓氏之前的姓氏。

术语类型:元素修饰词

限定:姓氏

8.1.3　元素修饰词:改姓后

标识符:http://www.nlc.gov.cn/genealogy/terms/afterName

名称:after name

出处:国家图书馆

标签:姓氏

定义:家族用当前姓氏之后所更换的姓氏。

术语类型:元素修饰词

限定:姓氏

8.2　元素:先祖及重要族人

标识符:http://www.nlc.gov.cn/genealogy/terms/ancestorAndNotableClan

名称:ancestor and notable clan

出处:国家图书馆

标签:先祖及重要族人

定义:该宗族的始祖、始迁祖和本支族的名人。

注释:内容可包括始祖、始迁祖、支族、房族和本族的名人。

术语类型:元素

元素修饰词:始祖,始迁祖,支祖,房祖,本族名人

8.2.1　元素修饰词:始祖

标识符:http://www.nlc.gov.cn/genealogy/terms/ancestor

名称:ancestor

出处:国家图书馆

标签:始祖

定义:家谱所尊奉的该族一世祖。

注释:如世系图录分为外纪世系和内纪世系,始祖分别著录为:外纪始祖某某,内纪始祖某某。

术语类型:元素修饰词

限定:先祖及重要族人

8.2.2 元素修饰词:始迁祖

标识符:http://www.nlc.gov.cn/genealogy/terms/firstMigratedAncestor

名称:first migrated ancestor

出处:国家图书馆

标签:始迁祖

定义:谱籍所在地的最初迁居之祖为始迁祖。

术语类型:元素修饰词

限定:先祖及重要族人

8.2.3 元素修饰词:支祖

标识符:http://www.nlc.gov.cn/genealogy/terms/branchAncestor

名称:branch ancestor

出处:国家图书馆

标签:支祖

定义:始迁祖下某一支的肇基祖。

术语类型:元素修饰词

限定:先祖及重要族人

8.2.4 元素修饰词:房祖

标识符:http://www.nlc.gov.cn/genealogy/terms/familyAncestor

名称:family ancestor

出处:国家图书馆

标签:房祖

定义:始迁祖下某一支房的肇基祖。

术语类型:元素修饰词

限定:先祖及重要族人

8.2.5 元素修饰词:本族名人

标识符:http://www.nlc.gov.cn/genealogy/terms/notableAncestor

名称:notable ancestor

出处:国家图书馆

标签:本族名人

定义:专指始迁祖之后的本族或本谱中的著名人物。

术语类型:元素修饰词

限定:先祖及重要族人

8.3　元素:谱籍

标识符:http://www. nlc. gov. cn/genealogy/terms/livingPlace

名称:living place

出处:国家图书馆

标签:谱籍

定义:指谱主的实际居住地。

注释:一般可以始迁祖的迁居地作为基本的界定标准。

术语类型:元素

元素修饰词:历史曾用名

元素修饰词:历史曾用名

标识符:http://www. nlc. gov. cn/genealogy/terms/archaicGeographicalName

名称:archaic geographical name

出处:国家图书馆

标签:历史曾用名

定义:谱籍中地名的曾用名。

术语类型:元素修饰词

限定:谱籍

8.4　元素:散居地

标识符:http://www. nlc. gov. cn/genealogy/terms/otherLocalities

名称:other localities

出处:国家图书馆

标签:散居地

定义:家谱中的人物及后裔居住的不同地点。

术语类型:元素

8.5 元素:堂号

标识符:http://www.nlc.gov.cn/genealogy/terms/titleOfAncestralTemple

名称:title of ancestral temple

出处:国家图书馆

标签:堂号

定义:宗族所建祠堂的名称。

注释:堂号是姓氏宗族某一支派群体的代号,也是区分同一姓氏中不同血亲关系的重要标志。堂号在一般情况下与实际的出版者一致,但也有例外。

术语类型:元素

参考文献

1. 国家图书馆《中国文献编目规则》修订组. 中国文献编目规则. 北京:北京图书馆出版社(今国家图书馆出版社),2005

2. 北京大学图书馆学系,武汉大学图书馆学系合编. 图书馆古籍编目. 北京:中华书局,1985

3. 中华人民共和国国家质量监督检验检疫总局、中国国家标准化管理委员会. 信息与文献　都柏林核心元数据元素集(GB/T 25100—2010). 北京:中国标准出版社,2010. 10

4. 刘炜. 关于元数据的十万个为什么. http://www. libnet. sh. cn/sztsg/fulltext/abc/metaFAQ. pdf

5. calis 特色库管理型元数据规范. http://www. lib. whu. edu. cn/calis2/files/ocv1. doc

6. CALIS 特色库子项目描述元数据规范及相关规则. http://www. lib. whu. edu. cn/calis2/files/rulev1. doc

7. 梁娜,张晓林. 关于数字信息长期保存的元数据. 四川图书馆学报,2002(1)

8. 叶建华,陈昭珍. 族谱资讯系统中知识管理之研究. 台湾大学工程学刊,2004(90)

9. Functional Requirement For Bibliographic Records. http://www. lib. whu. edu. cn/calis2/files/ocv1. doc

10. DCMI 抽象模型. http://dublincore. org/documents/abstract-model/index. shtml

11. The cedars project team and UKOLN. Metadata for digital preservation:the cedars project outline specification. http://www. worldcat. org/arcviewer/1/OCC/2007/08/08/0000070511/viewer/file1081. pdf

12. Preservation metadata for digital collections. http://www. nla. gov. au/preserve/pmeta. html#1

第二部分　国家图书馆家谱元数据著录规则

1 范围

本著录规则依据《国家图书馆家谱元数据规范》，根据国家图书馆家谱资源描述和揭示的特殊需求而制定。

本规则规定了家谱资源的著录内容、著录单元、著录用标识符、著录用文字、著录信息源及著录项目细则。

本规则不对家谱元数据记录中各元素的排列次序做强制性的规定，应用时可根据需要自行决定元素的排列次序，即本规则的所有元素与顺序无关。

本规则主要用于家谱资源的著录，不适用于其他古籍资源。

本规则中的著录示例仅用于帮助理解元素的著录规则，并非完整的元数据记录。

2 著录总则

2.1 著录单位

内容上能够独立存在、不宜分割的一个或一组家谱资源，即为一个著录对象，也即构成一个著录单位，其相关的元数据属性描述则构成一条记录。同一家谱的不同载体表现和多个物理呈现则构成复本。复本可在馆藏目录中以相应的属性元素（字段）进行描述。

2.2 著录信息源

著录信息源是家谱资源本身，资源本身信息不足，可参考其他信息源或其他有关文献资料。自拟的著录信息置于方括号“[ ]”内，取自主要信息源以外的信息，建议在著录时根据情况在“附注”元素中说明著录来源。

从实际操作来看，家谱资源著录信息确定原则可做如下规定：

● 如仅有数字版家谱资源，即从数字版家谱资源中提取著录项。

● 如仅有纸本家谱资源，则根据国家图书馆的数字化原则和有关规定，赋予所需著录的家谱资源唯一标识，然后以该纸本家谱资源为对象提取著录项，但需以唯一标识作为该纸本家谱的数字家谱的元数据记录的 ID，在相关属性元素中著录与此纸本家谱的关系（可著录该纸本家谱的唯一标识，如索取号）。一旦该纸本家谱完成了数字化转换，则在该记录中赋予指向数字对象的链接（一般是将此 ID 加上命名域用作 URI，或者基于该 ID 生成新的 URI）。

• 如仅有胶卷形式的家谱资源，则根据国家图书馆的数字化原则和有关规定，赋予其中所包含的家谱资源以唯一标识（一卷胶卷中可能涉及数量不等的家谱文献，此时须按照前述原则首先区分著录对象，并赋予不同的唯一标识），然后根据胶卷中的家谱资源提取著录项，以赋予的唯一标识作为该数字家谱元数据记录的 ID（可能有多条记录），在相关属性元素中著录与此胶卷家谱的关系（著录内容和方式可自行规定，如著录该胶卷的索取号和起始页码等）。一旦该胶卷家谱完成了数字化转换，则在该记录中赋予指向数字对象的链接（一般是将前述 ID 加上命名域用作 URI，或者基于该 ID 生成新的 URI）。

• 如仅有光盘等数字载体形式存在的家谱资源，则参考上述胶卷形式的家谱资源的做法，具体的著录项从光盘家谱中提取。光盘家谱的数字对象可以直接以拷贝文件的方式加入数字图书馆资源库中，因此可考虑直接将元数据记录的 ID 直接赋予相应的属性字段中，直接实现家谱元数据与数字对象的链接。

• 在数字版、复制品和纸版均有的情况下，可以数字版特征为主著录，涉及其他载体的属性元素和链接的著录，则从相应的载体表现中提取著录项。

• 始修家谱、续修家谱和增补本家谱只是家谱文献之间的关系，一般均可作为独立的著录对象进行著录。

2.3 著录用文字及符号

著录用文字应根据家谱本身的文字客观著录。题名说明中的卷数，日期中的中国年号纪年，用汉字数字著录；其他元素中的数字一般用阿拉伯数字著录。著录非汉语文家谱，应遵循相应语言文字的使用规则。

著录用符号遵循 DCSV（Dublin Core Structured Values）规范，DCSV 是 DCMI 的推荐标准，在这一文档中 DCMI 提供了在文本字串中如何对值进行标记，使之带有一定结构从而便于计算机处理的著录推荐方案。

DCSV 中规定所有的符号应为半角，分号用于并列的数据值的分隔，如果有元素在著录时可能有超过一个的取值（如关键词的著录），值与值之间用半角下的分号隔开。其他的符号请参见详细的 DCSV 规范：http://dublincore.org/documents/2000/07/28/dcmi-dcsv/。

如果著录系统允许元素可重复，著录人员优先采用元素重复的方法著录，不推荐采用 DCSV。例如："主题"元素下有多个取值，如果著录系统支持主题元素的多次重复，则重复主题元素，录入多个取值。如果著录系统不允许元素可重复，则多个取值用 DCSV 中推荐的分号隔开。这两种著录方法无优劣之分，为维护一致性，在本规则中给出优先采用的方法。

2.4 著录项目

本规则的著录内容包含 15 个核心元素、5 个古文献类核心元素、5 个家谱个别元素。详见表 1。

表 1　家谱著录项目列表

元素	元素修饰词	编码体系修饰词
题名		
	题名说明	
	并列题名	
	版心题名	
	内封题名	
	书衣题名	
	书根题名	
	书脊题名	
	其他题名	
主要责任者		
	责任方式	
	责任者说明	
其他责任者		
	责任方式	
	责任者说明	
版本类型		
	版印说明	
出版者		
	出版地	
	印刷者	
	印刷地	
格式		
	大小	
	媒体	
载体形态		
	装订方式	
	数量	
	尺寸	
	附件	
	图表	
	行款版式	
附注		
	版本附注	
	目录	
	提要	

续表

元素	元素修饰词	编码体系修饰词
标识符		
主题		
		中国分类主题词表
		刘国钧分类法
		四部分类法
姓氏		
	姓氏来源	
	改姓前	
	改姓后	
先祖及重要族人		
	始祖	
	始迁祖	
	支祖	
	房祖	
	本族名人	
谱籍		
	历史曾用名	
散居地		
堂号		
相关资源		
	格式转换为	
	格式转换自	
	抄写为	
	抄写自	
	丛编	
	子目	
	统谱	
	支谱	
	版本关联	
		DOI
		URI
时空范围		
	空间	
		DCMIpoint
		DCMIbox
		ISO 3166
		TGN
	时间	
		年号纪年
		公元纪年
		DCMIperiod

续表

元素	元素修饰词	编码体系修饰词
		W3CDTF
日期		
	纂修日期	
	创修日期	
	出版日期	
	印刷日期	
	修改日期	
		年号纪年
		公元纪年
		W3CDTF
语种		RFC 3066
来源		
		DOI
		URI
类型		
收藏历史		
	获得方式	
	题跋印记	
	采访时间	
	采访地点	
文献保护	文物级别	
	破损级别	
馆藏信息		
	典藏址	
	典藏号	
	其他复本信息	
权限		

3 著录规则的内容结构

为保证著录的一致性,在本著录规则中,家谱资源中的元素及修饰词的属性定义遵从《国家图书馆专门元数据设计规范》中的规定，元素和修饰词的定义分别见表1和表2。

表2 元素和元素修饰词的定义与内容

项目	项目定义与内容
名称	赋予元素或元素修饰词的唯一标记
标签	元素或元素修饰词在本元数据规范中的可读标签
定义	对元素或元素修饰词概念与内涵的说明
注释	对元素或元素修饰词著录时任何注意事项的说明
著录内容	对于所著录的资源对象，在著录规则中所做的具体、细化的说明
元素修饰词	元素修饰词是对元素的语义进行修饰，提高元素的专指性和精确性的词
编码体系修饰词及其用法	元素取值依据的各种受控词表和规范标记，或者其形式遵循的特定解析规则。因此，一个使用某一编码体系表达的值可能会是选自某一受控词表的标志（例如取自一部分类法或一套主题词表的标志）或一串根据规范标记格式化的字符（例如作为日期标准表达的“2000－01－01”） 这里不仅要给出编码体系修饰词的名称，最重要的是，应给出编码体系修饰词的具体用法
规范文档	说明著录元素内容时依据的各种规范。元素取值可能来自各种受控词表和规范。它可以和编码体系修饰词一致，也可以是适应具体需要而做出的相关规则
必备性	说明元素是否必须著录。取值有：必备，可选，有则必备
可重复性	可说明元素是否可以重复著录。取值有：可重复，不可重复
著录范例	著录元素时的典型实例。实例应包括元素与元素修饰词的著录说明

4 著录细则

4.1 题名

名称：title

标签：题名

定义：家谱的名称。

注释：旧家谱题名取自正文首卷卷端，新家谱题名取自题名页所题的题名。旧家谱正文首卷卷端所题题名不能代表全书或未题题名时，应依次从其他各卷卷端、各卷卷末、目次、凡例、题名页、版心、序跋、原印书签及家谱中其他部分选择适当的题名著录。新家谱题名页所题题名不能代表全书时应依次从版权页、封面、书脊等处选取题名。

元素的著录内容：此处著录家谱的正题名，包括分册名、分册号，但其他题名信息不包含于此,如旧家谱的卷数不在此著录。

修饰词:题名说明,并列题名,版心题名,内封题名,书衣题名,书根题名,书脊题名,其他题名

必备性:必备

可重复性:可重复

著录范例:

题名:嶺南黄氏家乘

版心题名:黄氏家乘

4.1.1 题名说明

名称:title statement

标签:题名说明

定义:用来限定、补充、解释、说明正题名或并列题名等的文字。

元素修饰词的著录内容:旧家谱卷数著录于此。

必备性:有则必备

可重复性:可重复

著录范例:

题名:嶺南黄氏家乘

题名说明:六卷首一卷末一卷續編一卷

4.1.2 并列题名

名称:parallel title

标签:并列题名

定义:与正题名相对应的另一种语言文字的题名。

注释:汉语拼音题名不视为并列题名。

元素修饰词的著录内容:若有几种不同文字的并列题名,则按家谱信息源中的顺序依次著录。

必备性:有则必备

可重复性:可重复

4.1.3 版心题名

名称:running title

标签:版心题名

定义:在家谱版心上印写的题名。

元素修饰词的著录内容:著录家谱资源的版心位置印写的题名。数字化家谱可从相对应的纸本家谱提取该信息。

必备性:有则必备

可重复性:可重复

著录范例:

题名:嶺南黃氏家乘

题名说明:六卷首一卷末一卷續編一卷

版心题名:黃氏家乘

4.1.4 内封题名

名称:title-page title

标签:内封题名

定义:印写在家谱内封面上的题名。

注释:内封相当于现代图书的题名页,故又称题名页题名或扉页题名,主要用来题写题名和版刻情况。

元素修饰词的著录内容:著录家谱资源的内封面上的题名。数字化家谱可从相对应的纸本家谱提取该信息。

必备性:有则必备

可重复性:可重复

著录范例:

题名:善化續修譚氏族譜

题名说明:十一卷首三卷

内封题名:續修譚氏族譜

4.1.5 书衣题名

名称:cover title

标签:书衣题名

定义:印写在家谱书衣上的题名。

注释:书衣又称外封或外封面,相当于现代图书的封面,主要用来保护书籍,有时也在此印写题名。

元素修饰词的著录内容:若家谱资源的封面印有题名,则著录在此,若无题名,该元素修饰词可不著录。数字化家谱可从相对应的纸本家谱提取该信息。

必备性:有则必备

可重复性:可重复

著录范例：

题名:善化續修譚氏族譜

题名说明:十一卷首三卷

书衣题名:譚氏族譜

4.1.6　书根题名

名称:book's root title

标签:书根题名

定义:印写在书根上的题名。

注释:书根指书籍下端的切口部分。

元素修饰词的著录内容:依据信息源如实著录,数字化家谱可从相对应的纸本家谱提取该信息。

必备性:有则必备

可重复性:可重复

著录范例:

题名:善化續修譚氏族譜

题名说明:十一卷首三卷

书根题名:善化譚氏族譜

4.1.7　书脊题名

名称:title at ridge

标签:书脊题名

定义:印写在书背上的题名。

元素修饰词的著录内容:依据信息源如实著录,数字化家谱可从相对应的纸本家谱提取该信息。

必备性:有则必备

可重复性:可重复

著录范例:

题名:善化續修譚氏族譜

题名说明:十一卷首三卷

书脊题名:善化譚氏族譜

4.1.8　其他题名

名称:other title

标签:其他题名

定义:所著录的家谱资源中提到的与上述题名不一致的题名。

元素修饰词的著录内容:著录时,其他题名若非取自被著录家谱应该用方括号"[ ]"括起来。

必备性:可选

可重复性:可重复

著录范例:

题名:善化續修譚氏族譜

题名说明:十一卷首三卷

其他题名:譚氏家譜

4.2 主要责任者

名称:creator

标签:主要责任者

定义:对家谱内容负主要责任的个人或团体。

注释:主要责任者包括个人或团体,一般而言,用主要责任者的名称来标识这一条目。责任者姓名一般据谱内本次的修谱任事名目著录。主要责任者一般定为主修,次为纂修。

元素的著录内容:

(1)主要责任者是指对原谱负直接责任的纂修者,一般可定为主修,次为纂修。一般著录主要责任者的姓名。

(2)主要责任者姓名一般据谱内的修谱任事名目著录,谱内未载修谱任事名目,应依次从其他各卷卷端、各卷卷末、目次、凡例、题名页、版心、序跋、原印书签及文献中其他部分选择适当的责任者进行著录,置于方括号"[ ]"中,并在"附注"元素中进行说明。

(3)谱内未题责任者姓名,以所题的责任者其他名称(包括字、号、庙号、封爵等)著录。

(4)原谱未题责任者,或原谱残缺而责任者无考,可著录从其他数据中查考出的责任者姓名(或其他名称),一般可从该族家谱后修本中查找,查考出的责任者姓名置于方括号"[ ]"中,并在"附注"元素中说明来源。

(5)责任者为团体,则据原谱所题著录,如"王氏合族纂修"。

(6)原谱未题责任者,并无从考知,著录为"主要責任者不詳"。

修饰词:责任方式,责任者说明

必备性:必备

可重复性:可重复

著录范例:

主要责任者:黄培芳

4.2.1 责任方式

名称:role

标签:责任方式

定义:责任者对家谱做出贡献的方式。

注释:主要责任者的责任方式一般可定为主修或者纂修。

元素修饰词的著录内容:著作方式依原题著录,根据修谱者的不同职责,责任者有倡修、主修、督修、总纂、纂修、协修、分修、分纂等之分。原谱未题著作方式时,可著录为某某"纂修"。

必备性:有则必备

可重复性:可重复

著录范例:

主要责任者:黄培芳

责任方式:纂修

4.2.2 责任者说明

名称:statement of responsibility

标签:责任者说明

定义:责任者的别名、字、号、时代、朝代,国别,身份等说明性的信息。

元素修饰词的著录内容:关于朝代的著录,有如下几点特殊说明:

(1)清代及以前的责任者著录其所属朝代,民国及以后的责任者不著录朝代。界定责任者朝代一般以卒年为准。卒年不详,视其生平事迹、修谱时间而定。

(2)用括号( )标识出责任者的朝代信息以区别于其他责任者说明。

(3)朝代著录推荐使用"中国历史朝代名称著录规范表",该表详细内容见附录一。

规范文档:中国历史朝代名称著录规范表

必备性:有则必备

可重复性:可重复

著录范例:

主要责任者:黄培芳

责任方式:纂修

责任者说明:(清)

4.3 其他责任者

名称:contributor

标签:其他责任者

定义:对家谱内容的纂修负次要责任的个人或团体,如倡修、督修、协修、分修、分纂家谱或制作数字家谱的个人或团体。

注释:其他责任者包括个人或团体,一般而言,用其他责任者的名称来标识这一条目。

元素的著录内容:除主要责任者以外的其他责任者在此说明。

修饰词:责任方式,责任者说明

规范文档:中国历史朝代名称著录规范表

必备性:有则必备

可重复性:可重复

著录范例:

其他责任者:雙全

4.3.1　责任方式

名称:role

标签:责任方式

定义:责任者对家谱做出贡献的方式。

元素修饰词的著录内容:除主要职责外的其他责任方式在此著录,如倡修、督修、协修、分修、分纂等。

必备性:有则必备

可重复性:可重复

著录范例:

其他责任者:雙全

责任方式:倡修

4.3.2　责任者说明

名称:statement of responsibility

标签:责任者说明

定义:责任者的别名、字、号、时代、朝代,国别,身份等说明性的信息。

元素修饰词的著录内容:关于朝代的著录,有如下几点说明:

(1)清代及清代以前的责任者须著录朝代;清代以后责任者,朝代从略。界定责任者朝代一般以卒年为准。卒年不详,视其生平事迹、修谱时间而定。

(2)建议用括号( )标识出责任者的朝代信息以区别于其他责任者说明。

(3)朝代著录推荐使用“中国历史朝代名称著录规范表”,该表详细内容见附录一。

规范文档:中国历史朝代名称著录规范表

必备性:有则必备

可重复性:可重复

著录范例:

其他责任者:雙全

责任方式:倡修

责任者说明:(清)

4.4 版本类型

名称:edition

标签:版本类型

定义:家谱因制作方式不同而产生的不同类型的版本。

元素的著录内容:

(1) 家谱主要版本类型如下:

a. 稿本:著者亲笔写的或亲笔修改的作品原件。

b. 抄本:据某一底本抄写而成的本子。

c. 刻本:雕版印刷的本子。

d. 活字本:用活字排版印刷的本子,各种活字本可根据制字材料的不同,著录为木活字本、泥活字本等。铅活字本不在此列。

e. 铅印本:用铅字印刷成的本子。

f. 石印本:用石印印刷的本子。

g. 影印本:以书籍的某一版本作为复制底本,用照相方法制版,经机械印刷而成的本子。

h. 复印本:以书籍的某一版本作为复制底本,用静电复印机等机器印成的本子。

i. 电脑排印本:用电脑排版并打印的本子。

(2)谱内有抄本的情况,也在此说明,说明文字加圆括号“(　)”。例:清乾隆十年(1745)木活字本(卷二、三配抄本)

(3)谱内有两种版本形式的,用“暨”注明。

修饰词:版印说明

必备性:有则必备

可重复性:可重复

著录范例:版本类型:活字本

著录范例:

版本类型:木活字本暨抄本

版印说明

名称：edition statement

标签：版印说明

定义：家谱版本类型的附加说明。

注释：本项著录古籍原本印刷的方式、色彩、修版、补版、初印、后印等。

元素修饰词的著录内容：版印说明的内容可分为以下几种：

（1）说明刻本印墨的颜色或印制方法：

朱印：用红颜色印成的本子，一般多为初印本。

蓝印：用蓝颜色印成的本子，一般多为初印本。

（2）说明刻本的后印情况：

增刻：家谱出版后又增补新的正文内容、雕刻新的书版，并连同原书版一并刷印出版。如同时增补或改动原书附录，修补更换原书残损模糊的版片，仍属增刻。

递刻：欲将家谱刻版刷印，但仅刻成一部分便因故中断，此后若干年中陆续将未完成部分补刻完毕，最后合为一部完整书版刷印出版。

补刻：家谱出版后又在书前书后增补新的序跋附录等辅文内容、雕刻新的书版，并连同原书版正文内容一并刷印出版。

修版：家谱原书版在存放一段时间后有断烂残损，出版者对原书版断烂残损部分加以剜改修整后重新刷印出版。

后印：刻好的书版存放较长时间后再进行印刷。

递修：家谱书版刻成后，在一个较长时间内经过多次修版。递修本可著录修版的起讫年代。

（3）如果版本类型是影印本，版印说明可补充著录如下名称：

珂罗版：清末以后采用的以照相方法制版，用一种特制的玻璃为印版的平版印刷方法。

石印：清末以后采用的以照相方法制版，以石版作为印版的一种平版印刷方法。

铜版：以铜版作为印版的一种凹版印刷方法。

缩印：缩小原书版框尺寸，甚至改变底本的版式行款进行影印，目的是缩小影印本的书型，或在尽量少的印叶上安排更多的图文内容。

电刻油印：利用光电作用，将底本图文忠实转刻到蜡纸上，并在油印机上进行印刷的一种家谱复制方法。

静电复印：利用静电复印机进行家谱复制。

必备性：有则必备

可重复性：可重复

著录范例：

例 1:版本类型:刻本

版印说明:修版

例 2:版本类型:刻本

版印说明:朱墨套印

例 3:版本类型:影印本

版印说明:石印

例 4:版本类型:影印本

版印说明:珂羅版

4.5 出版者

名称:publisher

标签:出版者

定义:使家谱资源成为可以获得并可利用的责任者。

元素的著录内容:

(1)对于纸本家谱,本元素用以著录家谱的刻印者。

(2)对于数字家谱,可在此著录数字家谱的版权拥有者。

修饰词:出版地,印刷者,印刷地

必备性:可选

可重复性:可重复

著录范例:

出版者:國家圖書館

4.5.1 出版地

名称:publishing place

标签:出版地

定义:使家谱资源成为可以获得并可利用的责任者的所在地。

元素修饰词的著录内容:对于纸本家谱,可在此著录家谱刻印者的所在地,数字家谱则要著录版权拥有者的所在地。

必备性:可选

可重复性:可重复

著录范例:

出版者:國家圖書館

出版地:北京

4.5.2 印刷者

名称:printer

标签:印刷者

定义:将家谱付诸印制的个人或团体。

元素修饰词的著录内容:从家谱资源内容中提取该元素的值,据实著录。若无该信息,可从其他信息源考证,并在元素值上加方括号“[ ]”,信息源在“附注”元素中注明。

必备性:可选

可重复性:可重复

著录范例:

印刷者:卞家雕印

4.5.3 印刷地

名称:printed place

标签:印刷地

定义:将家谱批量印制的具体地点。

元素修饰词的著录内容:从家谱资源内容中提取该元素的值,据实著录。

必备性:可选

可重复性:可重复

著录范例:

印刷地:浙江諸暨

4.6 格式

名称:format

标签:格式

定义:家谱资源的物理或数字表现形式。

注释:包括家谱的媒体类型或家谱资源存贮容量,也可以用来限定家谱资源显示或操作所需的软硬件或其他相应设备。

元素的著录内容:可以是家谱信息可占存贮空间的大小或持续时间。建议采用受控词表,例如因特网媒体类型[MIME]定义的计算机媒体格式表。“格式”元素仅用来著录数字家谱,纸本家谱该方面的信息由“载体形态”元素进行描述。

修饰词:大小,媒体

必备性:有则必备

可重复性:可重复

著录范例：

格式. 大小:860kb

格式. 媒体:JPG 图像

4.6.1　大小

名称:extent

标签:大小

定义:家谱所占存储空间的大小。

元素修饰词的著录内容:用计算机格式的存储单位进行著录,例如 KB、MB、GB 等。

必备性:有则必备

可重复性:不可重复

著录范例:

大小:860KB

4.6.2　媒体

名称:medium

标签:媒体

定义:传播家谱信息的载体和存贮家谱信息的载体。

元素修饰词的著录内容:说明数字家谱的载体形式和存储格式。如家谱图像文件存贮格式为 jpg 或 png 等。

必备性:有则必备

可重复性:不可重复

著录范例:

格式. 媒体:JPG 图像

4.7　载体形态

名称:physical description

标签:载体形态

定义:纸本家谱的外形特征。

元素的著录内容:描述家谱的装订方式、数量、色彩、尺寸、附件等外观信息。该元素仅用来描述纸本家谱的外观信息。

修饰词:装订方式,数量,尺寸,附件,图表,行款版式

必备性:可选

可重复性:可重复

著录范例:

装订方式:綫装

4.7.1 装订方式

名称:binding

标签:装订方式

定义:将家谱装订成册的各种方式。

元素修饰词的著录内容:著录家谱装订成册的方式。装订形式分为平装、线装、精装、毛装、卷轴、经折装、蝴蝶装等。

必备性:可选

可重复性:可重复

著录范例:

装订方式:綫装

4.7.2 数量

名称:number

标签:数量

定义:一种家谱所包含的具体数量。

元素修饰词的著录内容:数量按如下规则进行:

(1) 线装、平装、精装、毛装、经折装、蝴蝶装、包背装等家谱著录实有册数。

(2) 卷轴装家谱著录实有卷数。

(3) 单张折叠的家谱著录实有幅数。

(4) 散叶的家谱著录实有叶数。

(5) 缩微胶卷著录实有卷数,不足一卷者以一卷著录。

(6) 光盘著录实有盘数。

必备性:可选

可重复性:可重复

著录范例:

数量:5 册

4.7.3 尺寸

名称:dimension

标签:尺寸

定义:家谱外观的大小尺寸。

元素修饰词的著录内容:纸本家谱的原有开本尺寸,以 cm(厘米)为单位,精确到毫米。先著录高度,后著录宽度,中间用乘号“×”连接。

必备性:可选

可重复性:可重复

著录范例:

尺寸:26×13cm

4.7.4 附件

名称:accompanying material

标签:附件

定义:与家谱的正文有关联,但在物理实体上与家谱的主体相互分离的家谱附属部分。

元素修饰词的著录内容:著录该家谱所附属的附件的唯一标识符,若无标识符,则著录其名称。

必备性:可选

可重复性:可重复

著录范例:

附件:冠圖

4.7.5 图表

名称:chart

标签:图表

定义:家谱中的世系图表等。

元素修饰词的著录内容:著录图表的唯一标识符,若无标识符,则著录其名称。

必备性:可选

可重复性:可重复

著录范例:

图表:譚氏世系圖表圖

4.7.6 行款版式

名称:paragraph format

标签:行款版式

定义:行款是家谱每叶或每半叶的行数和每行的字数;版式是家谱版面的安排方式。

元素修饰词的著录内容:此项著录旧家谱每叶或每半叶的行数和每行的大小字数,以及书口、鱼尾、版框形式及版框尺寸等情况。

必备性:可选

可重复性:可重复

著录范例:

　　行款版式:半葉11行22字,小字雙行同,下黑口,單魚尾,四周雙邊。

4.8 附注

名称:description

标签:附注

定义:对家谱任何内容的说明。

元素的著录内容:

(1) 可著录家谱的残存情况、正题名的著录来源等。

(2) 鉴定版本的特征依据可在此著录。

(3) 谱籍的考证依据可在此著录。

(4) 其他需要说明的问题都可在此著录。

修饰词:原作版本附注,目录,提要

必备性:可选

可重复性:可重复

著录范例:

　　附注:存卷一、五、八、十二、十八。書名據版心、書衣題。二修本。

4.8.1 版本附注

名称:version note

标签:版本附注

定义:与家谱资源相关的版本的说明。

元素修饰词的著录内容:著录版本的纂修年代、版本类型等。

必备性:可选

可重复性:可重复

著录范例:

　　版本附注:本資源的底本是民國二十一年(1932年)刻本的重新排印本。

4.8.2 目录

名称:table of contents

标签:目录

定义:家谱内容的子单元列表。

元素修饰词的著录内容:著录组成家谱内容的子单元列表。

必备性:可选

可重复性:可重复

著录范例:

目录:卷首譜序、祠堂記、祠圖、藥師庵記、祠制、祠約、家約、服制,卷二誥封、簪纓、源流齒錄,卷三至十三齒錄,卷末契約、墳山圖

4.8.3 提要

名称:abstract

标签:提要

定义:家谱内容的提要。

元素修饰词的著录内容:提要须揭示家谱的内容特点及主题思想,可包括作者简介、类型特点、编写体例、内容要点及写作特色等内容。

必备性:可选

可重复性:可重复

著录范例:

提要:始遷祖原楨,明初遷居瀏陽楊林。卷一封誥、紳耆錄、貞節錄、墓圖、年表,餘卷皆系圖表。

4.9 标识符

名称:identifier

标签:标识符

定义:在特定范围内唯一识别家谱资源的标识。

注释:给予家谱资源的具有唯一识别性的标识符号。可由标识应用系统的前缀(即标识符的类型)与一字符串(即标识符的值)组成。可由系统自动产生或由人工赋予。

元素的著录内容:

(1)建议对标识符采用符合某一正式标识体系要求的字符串或数字。例如统一资源标识符(URI)、统一资源定位符(URL)、数字对象唯一标识符(DOI)和国际标准书号(ISBN)都是正式的标识体系。

(2)如果一个或多个标准标识符分配给该家谱,则至少从标准系统中著录一个标准标识符。

(3)如果无法获得标识符,应用文献引用来详细描述其出处信息(包括页码)。

规范文档:资源标识符(URI),数字对象唯一标识符(DOI),国际标准书号(ISBN),国际标准连续出版物号(ISSN)

必备性:有则必备

可重复性:可重复

著录范例:

标识符:10.1555/SL08810000000001

规范文档:DOI

4.10 主题

名称:subject

标签:主题

定义:有关家谱内容主题的描述。

注释:可从家谱的名称和内容中进行提取,并且可有多个主题词。

元素的著录内容:

(1)家谱各部分如序跋、凡例、附录中所反映的各种主题。

(2)建议取自受控词表或规范的分类体系;根据所采用的规范表的规定著录。

(3)如果主题是一个表示地理或时间范围的词,则使用"coverage"元素。

规范文档:CCT(中国分类主题词表),刘国钧分类法,FDC(四部分类法)[FDC]

必备性:必备

可重复性:可重复

著录范例:

主题:祭祀

4.11 姓氏

名称:family name

标签:姓氏

定义:表明家族系统的称号。

注释:即谱主的姓。

元素的著录内容:著录谱主的姓氏。著录时在家谱"姓"后加"氏"字使得著录内容更为直观及可理解。

修饰词:姓氏来源,改姓前,改姓后

必备性:必备

可重复性:可重复

著录范例:

姓氏:王氏

4.11.1　姓氏来源

名称:source name

标签:姓氏来源

定义:表明家族系统的称号的来源。

元素修饰词的著录内容:若家谱资源中有明确的姓氏来源信息,则据实著录。若无明确的姓氏来源信息,编目人员可参阅其他信息源进行著录,在该信息处加上[ ],并在"附注"中注明参考来源信息。

必备性:有则必备

可重复性:可重复

著录范例:

姓氏. 姓氏来源:[張氏出自黄帝之後揮。據《新唐書・宰相世系表》所載:"黄帝少昊青陽氏弟五子揮爲弓正,始制弓矢,子孫賜姓張氏。"由此可知,曾經是重要武器弓的發明者揮,其後有以張爲姓氏的。是爲河北張氏。]

4.11.2　改姓前

名称:before name

标签:改姓前

定义:家族用当前姓氏之前的姓氏。

元素修饰词的著录内容:从家谱资源内容中提取相应的信息著录于此。

必备性:有则必备

可重复性:可重复

著录范例:

姓氏. 改姓前:姬

4.11.3　改姓后

名称:after name

标签:改姓后

定义:家族用当前姓氏之后所更换的姓氏。

元素修饰词的著录内容:从家谱资源内容中提取相应的信息著录于此。

必备性:有则必备

可重复性:可重复

著录范例:

姓氏. 改姓后:張

4.12 先祖及重要族人

名称:ancestor and notable clan

标签:先祖及重要族人

定义:该宗族的始祖、始迁祖和本支族的名人。

注释:内容可包括始祖、始迁祖、支祖、房祖和本支的名人。

元素的著录内容:本项著录原谱所记宗族的始祖、始迁祖、房祖、支祖和本族名人。

(1)名人仅著录始迁祖之后的本支族人。民国之前的名人,其姓名前冠朝代名称,加括号"()"。例:(清)李鸿章。是否属名人范畴,可参考各种人名辞典,如《中国历代人名大辞典》《中国人名大辞典》《中国近现代人物名号大辞典》等。

(2)始祖、始迁祖、名人等问题复杂且难以处理者,于附注元素说明。

(3)历史名人从宽、当代名人从严掌握。地方杰出人物也列入著录范围。凡在某方面有一定影响的专家、名人可著录。

修饰词:始祖,始迁祖,支祖,房祖,本族名人

必备性:有则必备

可重复性:可重复

著录范例:

先祖及重要族人.始祖:(元)憲昭,字元昭,西台

先祖及重要族人.始迁祖:(明)泗,字惟清,號源遠,晚號七十翁

先祖及重要族人.本族名人:黃映奎;黃佛頤

4.12.1 始祖

名称:ancestor

标签:始祖

定义:家谱所尊奉的该族一世祖。

元素修饰词的著录内容:始祖著录内容为:始祖的名讳、字号、行名以及所处的朝代。例:(后周)虎,一名逊,字伯虎,行第一。一般可省略姓氏的著录,但该族改姓,需注明其原来的姓氏。始祖即为一世祖。如世系图录分为外纪世系和内纪世系,始祖分别著录为:外纪始祖某某,内纪始祖某某。

必备性:可选

可重复性:可重复

著录范例:

始祖:(元)憲昭,字元昭,西台

4.12.2 始迁祖

名称:first migrated ancestor

标签:始迁祖

定义:谱籍所在地的最初迁居之祖为始迁祖。

元素修饰词的著录内容:始迁祖著录内容为:始迁祖的名讳、字号、行名以及所处的朝代。例:(后周)虎,一名逊,字伯虎,行第一。一般可省略姓氏的著录,但该族改姓,需注明其原来的姓氏。始迁祖一般指谱籍所在的实际迁徙者,但有些家谱另有尊奉,如两者并存,应一并著录。若始祖即为始迁祖,则作为始迁祖著录。例:(元)昊,行曾十三。按昊为内纪世系之始祖,而据谱中记载,昊即为始迁祖,故作为始迁祖处理。

必备性:可选

可重复性:可重复

著录范例:

始迁祖:(明)泗,字惟清,號源遠,晚號七十翁

4.12.3 支祖

名称:branch ancestor

标签:支祖

定义:始迁祖下某一支的肇基祖。

元素修饰词的著录内容:著录支祖的名讳、字号、行名以及所处的朝代。

必备性:可选

可重复性:可重复

著录范例:

支祖:(明)陸嵩

4.12.4 房祖

名称:family ancestor

标签:房祖

定义:始迁祖下某一支房的肇基祖。

元素修饰词的著录内容:著录房祖的名讳、字号、行名以及所处的朝代。

必备性:可选

可重复性:可重复

著录范例:

房祖:(明)陸昊

4.12.5　本族名人

名称:notable ancestor

标签:本族名人

定义:专指始迁祖之后的本族或本谱中的著名人物。

元素修饰词的著录内容:著录本族或本谱中名人的名讳、字号、行名以及所处的朝代。

必备性:可选

可重复性:可重复

著录范例:

本族名人:黄映奎;黄佛頤

4.13　谱籍

名称:living place

标签:谱籍

定义:指谱主的实际居住地。

注释:一般可以始迁祖的迁居地作为基本的界定标准。

元素的著录内容:谱籍分为中国地区和其他国家。原则上谱籍元素用今地名著录,"今地名"著录现今通行的省名和县(市)名(省略国别)。省名为该县(市)隶属之省。县(市)名一般以最新的行政区划为准。如果此地名在历史上多次改名,则可在"历史曾用名"这一元素修饰词中著录其他名称。国外华裔家谱其谱籍由国别和当地的行政区域名组成。例:[美国纽约]。详细规则如下:

(1)原谱名所标地名为简称、俗称、别名者(如上湘、中湘、浏南、澄江、润东),在"谱籍元素"中著录其规范的地名。例:湖南瀏陽(原谱名:浏南荆坪胡氏族谱,浏南为俗称,著录为"湖南瀏陽")。

(2)原谱名所标地名为郡望或祖籍者,在"谱籍元素"中应著录其实际谱籍。例:原谱名称为:彭城刘氏宗谱,彭城是刘氏的郡望,谱籍著录现居地"浙江麗水"。

(3)原谱名祖籍和谱籍并题者,在"谱籍元素"中应著录其谱籍。例:万安刘氏南海族谱中原谱名所题"万安"为祖籍,"南海"为谱籍,则谱籍著录为:廣東南海。

(4)原谱名所标地名为古地名者(如暨阳、吴宁),在"谱籍元素"中以今地名著录其规范的地名。例:暨阳青山章氏宗谱著录中,谱籍著录为:浙江諸暨。

(5)原谱名未标地名者,则需在谱内序文、世系图录等资料中查考出该族现居的县(市)级地名及隶属之省。例:卫氏续修宗谱,谱籍著录为:江蘇常熟。

(6)原谱名仅标县级和县级以下地名者,在"谱籍元素"中必须标出其省名和县(市)名。

例:义乌石溪吴氏宗谱,谱籍著录为:浙江義烏。

(7)谱主之居住地,其县(市)名无考,然知其省名者,则著录省名,于"附注"元素中说明。

(8)谱籍不详和谱籍存有疑问者,于"附注"元素中说明。

修饰词:历史曾用名

必备性:必备

可重复性:可重复

著录范例:

谱籍:浙江紹興

历史曾用名

名称:archaic geographical name

标签:历史曾用名

定义:谱籍中地名的曾用名。

元素修饰词的著录内容:著录该元素修饰词,需要参考家谱资源以外的其他信息源,尽可能地考证今地名在历史上的曾用名,多个曾用名之间用半角的分号分隔。参考的信息源在"附注"元素下进行著录。

必备性:可选

可重复性:可重复

著录范例:

谱籍:浙江杭州

历史曾用名:錢塘　武林　應天　臨安

4.14　散居地

名称:other localities

标签:散居地

定义:家谱中的人物及后裔居住的不同地点。

元素的著录内容:推荐用家谱资源中的事实地名(当今地名)的形式著录,如金陵(南京)。当今地名中涉及的县(市)名一般以最新的行政区划为准。谱主散居两个县(市)、3个县(市)或以上,重复"散居地"元素。

必备性:可选

可重复性:可重复

著录范例:

散居地:浙江山陰

4.15 堂号

名称:title of ancestral temple

标签:堂号

定义:宗族所建祠堂的名称。

注释:堂号是姓氏宗族某一支派群体的代号,也是区分同一姓氏中不同血亲关系的重要标志。

元素的著录内容:

(1)版心下方、部分题名页、牌记所题的堂号即为该族堂号。

(2)如果版心下方、部分题名页和牌记各处所题堂号不同,可重复著录"堂号"元素,同时著录来源信息。

(3)堂号可被视作该家族宗谱的出版者。

(4)如果堂号所在地同时也在家谱中出现,于附注元素中说明堂号所在地。

必备性:有则必备

可重复性:可重复

著录范例:

堂号:福文堂

堂号:如見堂(據版心題)

4.16 相关资源

名称:relation

标签:相关资源

定义:对与当前家谱资源相关的其他资源的指引。

元素的著录内容:建议对相关文献的标识采用符合正式标识体系的字符串或数字。在本规范中主要用相关资源元素著录出家谱与家谱之间在内容上的前后继承关系,如盛宣怀家谱在清光绪十九年(1893)与民国三十二年(1943)纂修之间的关联;几修本之间的关系,如七修本与八修本的关联。另外,还有统谱与支谱的关联等。

修饰词:格式转换为,格式转换自,抄写为,抄写自,丛编,子目,统谱,支谱,版本关联

规范文档:DOI,URI

必备性:可选

可重复性:可重复

著录范例:

抄写为:1983 年抄《山東鄆城[吳氏]族譜》本

抄写自:《山東鄆城[吳氏]族譜》 吳三益修 民國三十三年(1944)稿本

支谱:《山陰縣州吳氏支譜》 吳隱修 民國五年(1916)木活字本

统谱:《山陰縣州山吳氏族譜》 清吳國櫟修 清道光二十年(1840)木活字本

版本关联:《苕溪吳氏宗譜》 清吳容光修 清同治十三年(1874)刻本 二修本

4.16.1 格式转换为

名称:has format

标签:格式转换为

定义:所描述的家谱资源和被转换格式之后的家谱资源有着相同的知识内容,只是格式不同。

元素修饰词的著录内容:著录另一种格式家谱的标识或格式名称,如唯一标识符、题名等。

必备性:可选

可重复性:可重复

著录范例:

相关资源. 格式转换为:PDF 格式

4.16.2 格式转换自

名称:is format of

标签:格式转换自

定义:所著录的家谱的格式从另外一种格式的家谱转换而来,它们有相同的知识内容,只是格式不同。

元素修饰词的著录内容:著录格式转换前的家谱的标识或格式名称。

必备性:可选

可重复性:可重复

著录范例:

格式转换自:TIFF 格式

4.16.3 抄写为

名称:transcribed to

标签:抄写为

定义:所著录的家谱被抄写为另一种家谱。

元素修饰词的著录内容:著录另一种家谱的标识,如果没有明确的标识,可著录另一种家谱的谱籍、题名与出版日期。

必备性:可选

可重复性:可重复

著录范例:

抄写为:1983 年抄《山東鄆城[吳氏]族譜》本

4.16.4 抄写自

名称:transcribed of

标签:抄写自

定义:所著录的家谱根据另一种家谱抄写。

元素修饰词的著录内容:著录抄写自家谱的标识,即该谱抄写时的底本标识,如果没有明确的标识,可著录另一种家谱的谱籍、题名与出版日期。

必备性:可选

可重复性:可重复

著录范例:

抄写自:《山東鄆城[吳氏]族譜》 吳三益修 民國三十三年(1944)稿本

4.16.5 丛编

名称:relation series

标签:丛编

定义:以丛编形式出版的家谱。

元素修饰词的著录内容:著录丛编的标识,如果没有明确的标识,可著录丛编的题名与出版日期。

必备性:可选

可重复性:可重复

著录范例:

丛编:《天津图书馆馆藏家谱丛书》

4.16.6 子目

名称:sub-object

标签:子目

定义:丛编形式下的单种家谱。

元素修饰词的著录内容:著录丛编形式下的单种家谱的唯一标识符,若没有明确的标识,则著录单种家谱的题名与出版日期。

必备性:可选

可重复性:可重复

著录范例:

子目:《马氏家乘》

4.16.7　统谱

名称:is part of

标签:统谱

定义:多个地区同一姓氏的合修之谱。

元素修饰词的著录内容:既可是同姓不同宗的合修之谱,也可是同宗不同支的合修之修;既可为同一县市的几个支族合修之谱,亦可为跨地区、省份的多个宗族合修之谱。通常著录统谱的标识,如果没有明确的标识,可著录统谱的谱籍、题名与出版日期。

必备性:可选

可重复性:可重复

著录范例:

统谱:《山陰縣州山吳氏族譜》　清吳國樑修　清道光二十年(1840)木活字本

4.16.8　支谱

名称:has part

标签:支谱

定义:指家族中某一支派、一房所修的家谱。

元素修饰词的著录内容:通常著录支谱的标识,如果没有明确的标识,可著录支谱的谱籍、题名与出版日期。

必备性:可选

可重复性:可重复

著录范例:

支谱:《山陰縣州吳氏支譜》　吳隱修　民國五年(1916)木活字本

4.16.9　版本关联

名称:has version

标签:版本关联

定义:和被描述的家谱有版本和改编本等方面的关联。

元素修饰词的著录内容:通常著录续修家谱的标识,如果没有明确的标识,可著录续修家谱的谱籍、题名与出版日期。著录时须注明几修谱,如"二修本"。

必备性:可选

可重复性:可重复

著录范例:

版本关联:《苕溪吴氏宗譜》 清吴容光修 清同治十三年(1874)刻本 二修本

4.17 时空范围

名称:coverage

标签:时空范围

定义:家谱资源内容所涉及的空间和时间范围。

注释:时空范围一般包括空间位置(一个地名或地理坐标)、时间区间(一个时间标签,日期或一个日期范围)或者行政辖区的范围(比如指定的一个行政实体)。

元素的著录内容:

(1)推荐"时空范围"最好是取自于一个受控词表(例如中国分类主题词表),并应尽可能地使用由数字表示的坐标或日期区间来描述地名与时间段。

(2)推荐使用带有修饰词空间(spatial)或时间(temporal)的时空范围元素,不鼓励使用无修饰词的时空范围。

(3)如果地理或时间方面的内容已使用"时空范围"元素来表示,若有需要仍可在"主题"元素中重复。如果主题词同时含有地理或时间的内容,则把含有上述内容的整个主题词同时放在"主题"和"时空范围"这两个元素中。

修饰词:空间,时间

规范文档:DCMIpoint,ISO 3166,DCMIbox,中国分类主题词表,DCMIperiod,W3CDTF

必备性:可选

可重复性:可重复

著录范例:

空间:浙江

时间:明末清初

4.17.1 空间

名称:spatial

标签:空间

定义:家谱资源知识内容涉及的地理范围。

元素修饰词的著录内容:最好是取自于一个受控词表,并应尽可能地使用由数字表示的坐标来描述地名。

规范文档:DCMIpoint,ISO 3166,DCMIbox,中国分类主题词表

必备性:可选

可重复性:可重复

著录范例:

空间:浙江

4.17.2 时间

名称:temporal

标签:时间

定义:家谱资源内容涉及的时间范围。

元素修饰词的著录内容:最好是取自于一个受控词表,并应尽可能地使用日期区间来描述时间段。

规范文档:DCMIperiod,W3CDTF

必备性:可选

可重复性:可重复

著录范例:

时间:明末清初

4.18 日期

名称:date

标签:日期

定义:与家谱生命周期中的一个事件相关的日期。比如家谱纂修时间、出版时间等。

注释:家谱内容中涉及的日期则归入"时空范围"。

元素的著录内容:日期元素的著录内容具体落实在每一个修饰词上,详细见修饰词的著录内容。著录时采用中国的纪年方式,括号后跟公元纪年。对于近现代以西历出版的家谱,可不著录中国的纪年方式,直接著录西历。

修饰词:纂修日期,创修日期,出版日期,印刷日期,修改日期

规范文档:W3CDTF

必备性:有则必备

可重复性:不可重复

著录范例:

纂修日期:清道光五年(1825)

创修日期:清康熙十五年(1676)

出版日期:清道光五年(1825)

印刷日期:清道光五年(1825)

修改日期:清宣統元年(1909)

4.18.1 纂修日期

名称:created

标签:纂修日期

定义:家谱纂修的日期。

元素修饰词的著录内容:家谱多以增补、续修本居多,此元素修饰词指家谱纂修完成的日期,如该谱为二修本,纂修日期即指二修完成的日期。

必备性:可选

可重复性:可重复

著录范例:

纂修日期:清道光五年(1825)

4.18.2 创修日期

名称:original date

标签:创修日期

定义:家谱第一次纂修完成的时间。

元素修饰词的著录内容:如原谱是一修本,创修日期同纂修日期,两个修饰词同时著录,取值相同。

必备性:可选

可重复性:可重复

著录范例:

创修日期:清康熙十五年(1676)

4.18.3 出版日期

名称:issued

标签:出版日期

定义:家谱资源正式出版的时间。

元素修饰词的著录内容:出版日期。

必备性:可选

可重复性:可重复

著录范例：

出版日期：清道光五年(1825)

4.18.4 印刷日期

名称：print date

标签：印刷日期

定义：完成家谱资源的纂修后付诸印制的时间。

元素修饰词的著录内容：印刷日期。

必备性：可选

可重复性：可重复

著录范例：

印刷日期：清道光五年(1825)

4.18.5 修改日期

名称：modified

标签：修改日期

定义：修改家谱内容的时间。

元素修饰词的著录内容：此元素与纂修日期不同，修改日期指后人在原谱上手笔修改、增补内容的日期。家谱可能会有多次修改，因此可对该元素重复著录。

必备性：可选

可重复性：可重复

著录范例：

修改日期：清宣統元年(1909)

4.19 语种

名称：language

标签：语种

定义：描述家谱内容所使用的语种。

元素的著录内容：

(1)本元素的值建议采用 RFC 3066[RFC 3066]，该标准规定了语言表示的标签，标签前半部分由选自 ISO 639 -1 的两个字母或取自 ISO 639 -2 的 3 个字母组成，后半部分(可选)为取自 ISO 3166 的两个字母的国家代码或是到 IANA 注册的 3 字母以上的代码。ISO 639 中的语言代码，如有两个和 3 个字母的代码，则选两个字母的代码，当只有 3 个字母的代码时选取 3 个字母的代码。也可以采用 ISO 639 -2 或 RFC 1766。

(2)就中文而言,如果后半部分标签采用两个字母,则简体中文为:zh-CN;繁体中文为:zh-TW。如果后半部分标签采用3个字母以上,在IANA中已注册,简体中文为:zh-Hans;繁体中文为:zh-Hant。建议中文采用第二种标识方法,即后一部分采用3个字母以上的标识方法。

规范文档:RFC 3066

必备性:有则必备

可重复性:可重复

著录范例:

语种[RFC 3066]:zh-Hant

4.20 来源

名称:source

标签:来源

定义:对所描述的家谱来源的参照或指引。

元素的著录内容:当前资源可能部分或全部源自于来源元素所标识的资源。建议对这一资源的标识采用一个符合正式标识体系的字符串或数字。对家谱数字资源来说,多为派生出本资源的非数字资源。可用正式标识体系的字符串表示,如URI以及其他标识非数字资源的编码体系(ISBN、ISSN、ISRC等)。

规范文档:DOI,URI

必备性:有则必备

可重复性:可重复

著录范例:

来源:[江蘇宜興]董氏家乘

4.21 类型

名称:type

标签:类型

定义:家谱的特征或类型。

元素的著录内容:建议采用来自于受控词表中的值(例如DCMI类型词汇表[DCMI-TYPE])。要描述家谱的物理或数字化表现形式,须使用元素“格式”。

规范文档:DCMITYPE

必备性:必备

可重复性:可重复

著录范例：

类型：图片

4.22 收藏历史

名称：provenance

标签：收藏历史

定义：家谱的流传历史及相关内容。

元素的著录内容：著录家谱的收藏情况，包括获得方式、题跋印记、采访时间、采访地点等。

修饰词：获得方式，题跋印记，采访时间，采访地点

规范文档：W3CDTF

必备性：有则必备

可重复性：可重复

著录范例：

收藏历史.题跋印记：鈐有“浙江餘姚謝氏藏書印記”。

4.22.1 获得方式

名称：availability

标签：获得方式

定义：家谱获得来源。

元素修饰词的著录内容：可自建一组关于获得方式的受控词表，取值自该词表中。

必备性：有则必备

可重复性：可重复

著录范例：

获得方式：捐贈

4.22.2 题跋印记

名称：inscription and seal

标签：题跋印记

定义：后人在其收藏的家谱上所题识的有价值的文字及钤盖的藏印。

元素修饰词的著录内容：除了家谱上所题识的有价值的文字及钦盖的藏印外，谱中题有或录有有价值的批点、校勘、题词、跋语等也在此注明。

必备性：有则必备

可重复性：可重复

著录范例：

题跋印记:鈐有“浙江餘姚謝氏藏書印記”。

4.22.3　采访时间

名称:interviewed

标签:采访时间

定义:家谱被采访到的日期。

元素修饰词的著录内容:时间的著录格式需按照一种日期和时间的置标规则 W3CDTF 进行著录。

规范文档:W3CDTF

必备性:有则必备

可重复性:可重复

著录范例:

采访时间:1988－02－15

4.22.4　采访地点

名称:interview place

标签:采访地点

定义:家谱被采访时的地点。

元素修饰词的著录内容:最好是取自于一个受控词表,例如地理名称叙词表[TGN]。

必备性:有则必备

可重复性:可重复

著录范例:

采访地点:安徽

4.23　文献保护

名称:protection

标签:文献保护

定义:家谱的保存修复状况以及对其珍贵程度、破损程度所进行的级别认证。

元素的著录内容:此元素著录家谱的文献保护事项,可根据古籍普查的要求著录。

修饰词:文物级别,破损级别

必备性:有则必备

可重复性:可重复

著录范例:

文献保护:整體完好,首頁和末頁稍有殘損。

4.23.1　文物级别

名称:distinction

标签:文物级别

定义:被著录家谱根据珍贵程度所划分的级别。

元素修饰词的著录内容:根据中华人民共和国文化行业标准《古籍定级标准》(WH/T 20—2006)选择相应的级别和等次。

必备性:有则必备

可重复性:可重复

著录范例:

文献保护.文物级别:二級古籍甲等

4.23.2　破损级别

名称:distinction of disrepair

标签:破损级别

定义:被著录家谱根据破损程度所划分的级别。

元素修饰词的著录内容:依据中华人民共和国文化行业标准《古籍特藏破损定级标准》(WH/T 22—2006)著录。

必备性:有则必备

可重复性:可重复

著录范例:

文献保护.破损级别:五級破損

4.24　馆藏信息

名称:location

标签:馆藏信息

定义:用以标识存取该家谱的所有权或对存取该家谱资源负责的机构所有权。

元素的著录内容:著录家谱的收藏机构(如上海图书馆、浙江图书馆等)、典藏号(取值为家谱在某一收藏机构的索书号)等内容。

修饰词:典藏址,典藏号,其他复本信息

必备性:有则必备

可重复性:可重复

著录范例:

馆藏信息:上海圖書館藏

4.24.1　典藏址

名称:sub-location

标签:典藏址

定义:被著录家谱在所属机构中的具体典藏位置。

元素修饰词的著录内容:此项著录家谱藏书位置。

必备性:有则必备

可重复性:可重复

著录范例:

馆藏信息.典藏址:上海圖書館藏

4.24.2　典藏号

名称:call number

标签:典藏号

定义:收藏单位给予家谱的索取号。

元素修饰词的著录内容:根据家谱资源上标注的典藏号如实著录。

必备性:可选

可重复性:可重复

著录范例:

馆藏信息.典藏号:915064-95

4.24.3　其他复本信息

名称:copy

标签:其他复本信息

定义:与本记录所著录家谱在内容及版印方面相同的其他藏本的相关信息。

元素的著录内容:其他复本与本记录所描述的家谱在内容和版印上情况基本一致,但可能在装订形式、册函数、开本大小、获得方式、藏章印记、破损与完整情况、典藏地址、典藏号等方面与本记录所描述的家谱有所不同。所以一般应该从载体形态、附注、收藏历史、文献保护、馆藏信息等方面予以反映。

必备性:可选

可重复性:可重复

著录范例:

馆藏信息.其他复本信息:部二存卷一至四

4.25　权限

名称:rights

标签:权限

定义:与家谱有关的权利和许可的声明。

元素的著录内容:

(1) 著录版权拥有者、实施范围、版权保护、版权日期等。

(2) 也可具体著录许可授权者、授权的用户类型、授权的 IP 地址、许可地点、用户数和许可期限等内容。

(3) 还可著录在怎样的条件或限制下,可拥有什么操作权限。

必备性:有则必备

可重复性:可重复

著录范例:

权限:持卡读者,馆内阅览

5 著录范例

例 1

字段名	修饰词	著录内容
标识符	DOI	[DOI]:10.1555/SL08810000000001
题名		善化續修譚氏族譜
	题名说明	十一卷首三卷
	版心题名	譚氏續修族譜
	书衣题名	譚氏族譜
主要责任者		譚宗鍠
	责任方式	纂修
	责任者说明	(清)
主要责任者		譚宗楷
	责任方式	纂修
	责任者说明	(清)
姓氏		譚
先祖及重要族人		
	始祖	(唐)可奕,字彥明
	始迁祖	(明)志材,字敏達
	始迁祖	(明)志富
谱籍		湖南長沙
堂号		善化福蔭堂

续表

字段名	修饰词	著录内容
相关资源		
	版本关联	[湖南溈甯]溈甯續修譚氏族譜 十三卷首一卷末二卷,清光緒十年(1884)
	版本关联	[湖南長沙]善化譚氏族譜 不分卷,民國
日期		
	出版日期	清宣統二年(1910)
载体形态		
	装订方式	綫裝
	数量	五冊
语种[RFC 3066]		zh-Hant
版本类型		活字本
类型[DCMITYPE]		家譜
馆藏信息		
	典藏址	上海圖書館藏
	典藏号	913535-40
附注		存卷三、四、九、十,卷首一。始祖可奕,唐咸通末自吉州泰和遷衡州茶陵。始遷祖志材、志富,明成化間自茶陵遷善化,分居南鄉八都周子塘、東鄉八都洞井鋪。卷首一凡例、律例、縣示十條、姓始錄、祖緣等,餘為齒錄。

例 2

字段名	修饰词	著录内容
标识符	URL	http://ouroots. nlc. gov. cn/bookbyidsearch. do? id = 24996&method = searchBookbyID
题名		湖南寧鄉博陵崔氏四修雲岫支譜
	题名说明	十卷
	版心题名	崔氏支譜
主要责任者		崔昌植
	责任方式	主修
	责任者说明	(清)
先祖及重要族人		
	始祖	守曾

续表

字段名	修饰词	著录内容
谱籍		湖南寧鄉
堂号		三戟堂
载体形态		
	数量	一冊
语种[RFC3066]		zh-Hant
版本类型		木活字本
类型[DCMITYPE]		家譜
馆藏信息	典藏址	
	典藏号	

参考文献

1. 中华人民共和国国家质量监督检验检疫总局，中国国家标准化管理委员会．古籍著录规则（GB/T 3792.7—2008）．北京：中国标准出版社，2008

2. 国家图书馆《中国文献编目规则》修订组．中国文献编目规则．北京：北京图书馆出版社（今国家图书馆出版社），2005

3. 周秋芳，顾燕，陈建华，楼向英．家谱元数据著录规则．http://cdls.nstl.gov.cn/2003/SpcMetadata/

4.《中国家谱总目》著录规则（修订稿）．上海图书馆内部资料

5. WH/T 20—2006．古籍定级标准．北京：北京图书馆出版社（今国家图书馆出版社），2006

6. WH/T 22—2006．古籍特藏破损定级标准．北京：北京图书馆出版社（今国家图书馆出版社），2006

后 记

2009 年 7 月，上海图书馆通过投标承担了“国家数字图书馆工程专门元数据标准与著录规范——家谱”项目研制工作，并于同年和国家图书馆签订了研制合同。

上海图书馆对于该项目非常重视，成立了“国家数字图书馆工程专门元数据标准与著录规范——家谱”项目研制小组，小组成员有赵亮、刘炜和张春景。国家图书馆在 2007 年 9 月成立“国家数字图书馆工程专门元数据标准与著录规范——古文献”甲方项目组，负责古籍、舆图、拓片、家谱及甲骨等 5 个古文献类元数据标准和著录规范研制的需求提出、研制配合、成果文本修改等工作。该项目组组长苏品红，成员有谢冬荣、鲍国强、冀亚平、王荟、卢芳玉、白鸿叶、孙俊、申军。

尽管有科技部项目中家谱元数据规范的相关成果可以参考，但在研制过程中还是遇到了很多困难。由于国家图书馆的家谱收藏丰富，藏品时间跨度大，载体类型、装帧形式多样，情况十分复杂，项目研制中遭遇了很多意外困难。为此，上海图书馆项目组两次赴京与国家图书馆项目组进行交流、研讨，并调研国家图书馆家谱资源及相关数据库建设情况，研制期间多次通过电话和邮件进行沟通、交流。同时，上海图书馆项目组还多次请教家谱研究方面的多位专家，并对国内外的家谱元数据方案进行了调研。2009 年 12 月，上海图书馆项目组提交了项目成果初稿。此后，双方项目组根据国家图书馆专家和业界专家的意见和建议对成果进行了多次修改，分别于 2012 年 1 月和 3 月通过国家图书馆项目组和国家图书馆馆内专家的验收。2012 年 5 月，家谱子项成果进行网上公开质询，并于 2012 年 9 月通过业界专家验收。

从项目启动到通过业界专家验收，家谱子项历时三年的时间。在此期间，许多家谱方面的专家和相关工作人员对项目的研制提供了无私的帮助，其中有上海图书馆的顾燕老师和纪陆恩老师，有承担过科技部家谱子项的浙江理工大学的楼向英老师，还有国家图书馆的谢强、王文玲、胡昱晓等诸位老师，在此一并对他们的帮助表示由衷的感谢！

编者

2013 年 10 月